U0704726

中国地方收入体系优化研究
——基于财政事权与支出责任相适应视角

马克和 著

中国财经出版传媒集团
中国财政经济出版社
北京

图书在版编目（CIP）数据

中国地方收入体系优化研究：基于财政事权与支出责任相适应视角／马克和著. ――北京：中国财政经济出版社，2024.6

ISBN 978-7-5223-3031-0

Ⅰ.①中… Ⅱ.①马… Ⅲ.①地方财政－财政收入－经济体制改革－研究－中国 Ⅳ.①F123.14②F812.7

中国国家版本馆 CIP 数据核字（2024）第 070925 号

责任编辑：康　苗	责任校对：徐艳丽
封面设计：孙俪铭	责任印制：史大鹏

中国地方收入体系优化研究
——基于财政事权与支出责任相适应视角
ZHONGGUO DIFANG SHOURU TIXI YOUHUA YANJIU
——JIYU CAIZHENG SHIQUAN YU ZHICHU ZEREN XIANGSHIYING SHIJIAO

中国财政经济出版社 出版

URL：http://www.cfeph.cn

E-mail：cfeph@cfeph.cn

（版权所有　翻印必究）

社址：北京市海淀区阜成路甲 28 号　邮政编码：100142
营销中心电话：010-88191522
天猫网店：中国财政经济出版社旗舰店
网址：https://zgczjjcbs.tmall.com
中煤（北京）印务有限公司印刷　各地新华书店经销
成品尺寸：170mm×240mm　16 开　11.25 印张　160 000 字
2024 年 6 月第 1 版　2024 年 6 月北京第 1 次印刷
定价：55.00 元
ISBN 978-7-5223-3031-0
（图书出现印装问题，本社负责调换，电话：010-88190548）
本社质量投诉电话：010-88190744
打击盗版举报热线：010-88191661　QQ：2242791300

前　言

本书是在国家社会科学基金一般项目《财政事权与支出责任相适应的地方收入体系重构研究》（17BJY172）结项成果的基础上修改完成的。

地方收入体系，即地方政府财政收入体系，是我国省、市、县、乡镇各级地方政府为履行政府职能而筹集的一切资金总和及其配套的制度体系和征管体系。自从党的十八届三中全会提出"财政事权与支出责任相适应"的全新概念后，优化地方收入体系就成为未来国家治理工作的关键要务。

本书遵循"寻找问题、研究问题、实证检验、优化建议"的脉络，对地方收入体系，从现实数据和典型事实出发，识别中国地方收入体系存在的问题，再针对问题采用多级政府 DSGE 模型模拟政策冲击的传导机制，然后使用数据对地方收入体系变动的政策效应进行评估，最后提出优化地方收入体系的设想。

首先，现代国家治理体系下的财政体制决定了地方收入体系，由于现代国家的财政体制主要由西方应用经济理论主导建立，因此，本书先从介绍西方地方收入体系理论研究结论和现实执行框架开始，再对中国国内财政体制变化进行规范研究和实证研究，为优化地方收入体系提供理论和现实依据支撑。

其次，本书系统总结了中国现行地方收入体系构成现状、典型特征和主要问题。通过分析研究结果发现，中国地方政府资源经营性收入占地方收入体系绝大部分，公共财政收支存在较大缺口，地方较大程度依赖非税收入弥补公共财政缺口，地方政府民生事权的执行任务偏重而上下级事权划分出现"收权放责"的典型特征。

再次，本书对地方政府财政事权、支出责任与相互关系进行理论分析。界定完事权、财权、财力、支出责任等基本概念后，在中国背景下开始分析中央与地方、地方上下级政府之间关系，特别是在中国单一制国家结构形式和公有制为主的经济体制下，中央与地方、地方上下级政府间的政治关系乃至经济关系以及围绕政治经济关系在事权与支出责任划分历史进程中所发生的不相适应问题，由此剖析和揭示我国政府间财政事权与支出责任要达成"相适应"，对地方收入体系建设及改革的内在要求。

最后，本书建立了关于地方收入体系的"一中央两地方"DSGE模型。设定中央分税比例、税率、投资支出冲击，模拟各项冲击对经济主体变量的影响，从而辨析政策冲击的潜在传导机制。在研究过程中，使用地方政府数据检验了财政收入体系变化的政策效应。选取的样本是广东省的县和县级市，收集县级一般公共预算分类支出数据，构建多期DID模型实证检验收入体系的省直管县改革试点影响各项基本公共服务均等化的内在机理。

基于以上研究内容，概括起来本书有以下主要观点：

第一，中国上下级政府财政事权划分，存在从上至下"收权放责"的策略行为。研究发现，中央、省级政府划分财政事权时，侧重使用宏观性词语掌握"决策""管理""监督"权力，划分给下级政府财政事权则使用精准表述，让下级政府负责各项事权的具体"执行"，进而导致下级政府执行具体事权存在较大财力缺口，依赖政府资源经营性收入、非税收入等补足执行事权所需支出，事权和财力不匹配现象潜在较大财政风险。

第二，基于中国数据的理论模型模拟发现，现阶段提高税率以增进政府公共服务均等化，进而提振经济的方法暂不可行。在税收收入效应占主导地位的情况下，应该加快减税降费步伐，确保地方经济稳定健康发展。

第三，基于现实中县级预算分科目数据发现，群众可"用脚投票"的事权，或县财政只能按国家标准和居民行为选择"被动"支出的公共服务，增加县级财力推动均等化政策效应不显著；增加县级财力只对受益地域性强，以地域或户口作为准入条件的公共服务产生均等化效应。应将大病医疗、社会保险等受益对象流动性强的基本公共服务上升为省级财政事权，相应由省级政府承担支出责任；将义务教育、城乡社区建设等受益对象流动性弱的基本公共固定为区县级政府事权。

第四，优化地方收入体系，要遵循"坚持中央统一框架、坚持围绕人民为中心、坚持差别化对待、坚持保障基层财力底线"四个原则，按"事、责、钱"三者匹配的思路，先确定各级政府财政事权，再明确各级政府支出责任和支出标准，然后改进税收分成体制，最后适度补足地方收入缺口。在事权与支出责任相适应的基础上，优化并构建地方收入体系。

本书即将付梓之际，要特别感谢东北财经大学原副校长、博士生导师马国强教授，中央财经大学校长、博士生导师马海涛教授，中国社科院财经战略研究院副院长、博士生导师杨志勇教授，安徽财经大学副校长、博士生导师储德银教授的鼓励与大力支持。

滴水之恩，虽不能涌泉相报，但永远铭记在心。作为封山之作，在这里，要衷心感谢我的兄长、导师及领导——安徽财经大学原副校长（铜陵学院原副校长）、博士生导师冯德连教授。他在我的人生旅途中，时时处处鼓励、支持、鞭策我，特别是在我迷茫无助、情绪低迷时，他始终为我传递正能量，给我战胜困难的勇气，帮我指点迷津。借此机会，向尊敬的冯德连教授表达深深的感恩和由衷的谢意！同时，还要感谢在我发展过程中给予关心和支持的张荣国书记、贾康所长、刘尚希院长、林钟高副校长、孙翊刚教授、郑道平教授、戴海先局长、戴晓江老师、翁俊德老师以及经常给予我帮助和鼎力支持的雷勋平、江六一、凌群英、王跃飞、张海峰和彭方圆等一众同事和朋友。

感谢在课题结项过程中给予无私支持和帮助的姚荣副处长和邓伟宁老师！感谢中国财政经济出版社领导的支持和编辑康苗老师的辛勤劳动！感

谢课题组主要成员罗鸣令教授、丁树博士给予的鼎力合作与无私帮助，尤其是丁树博士为课题研究做了大量且极其繁重的工作，收集整理了海量的文献资料，撰写了几篇有分量的研究论文。这些资料和研究论文对本书的完成具有非常重要的作用。

最后，感谢致力于地方收入体系研究的国内外专家、学者和政府部门及企事业单位的领导。本书在研究与写作过程中，引用了大量文献资料，虽然会尽可能全部列出，但也许有遗漏之处，在此向全部文献资料的提供者和原作者表示真挚的感谢！

鉴于笔者学识水平有限，对有些问题的研究还不够深入，但我认为将此书作为持续的财政体制改革提供良好理论支持的探索之作，是有一定学术意义的。敬请各位专家、读者批评指正。

2024 年 6 月

目 录

第一章 绪论 ··· (1)
  一、研究背景和研究意义 ································· (1)
  二、研究目标和研究内容 ································· (13)
  三、研究思路和研究方法 ································· (16)
  四、研究创新之处 ······································· (18)

第二章 国内外相关研究综述 ································· (19)
  一、西方财政学界关于地方收入体系的研究 ················· (19)
  二、中国财政体制相关文献综述 ··························· (32)
  三、文献评述 ··· (41)

第三章 地方收入体系构成现状、典型特征和主要问题 ··········· (43)
  一、中央和地方收入体系构成现状 ························· (44)
  二、地方收入体系的典型特征 ····························· (54)
  三、地方收入体系存在的主要问题 ························· (57)

第四章 地方政府财政事权、支出责任与相互关系 ··············· (63)
  一、基本概念的界定 ····································· (64)
  二、中央与地方、地方上下级政府间的关系分析 ············· (71)
  三、财政事权与支出责任的划分沿革 ······················· (76)
  四、财政事权与支出责任存在的不相适应问题 ··············· (80)

五、"财政事权与支出责任相适应"对地方收入体系的内在要求 …………………………………………………………（83）

第五章　地方收入体系的 DSGE 模型分析 ………………（86）
一、地方收入体系问题的提出 …………………………（86）
二、基本事实和内在逻辑 ………………………………（89）
三、"一中央两地方"财政收入理论模型 ………………（95）
四、参数校准 ……………………………………………（101）
五、税收收入分成冲击的动态分析 ……………………（104）
六、理论模型的总结与建议 ……………………………（110）

第六章　省以下地方收入体系改革的效应分析 …………（112）
一、省以下地方收入体系改革的相关背景与问题的提出 ………（113）
二、省以下地方收入体系改革的制度背景与研究假设 …………（115）
三、计量模型、变量描述与数据说明 …………………（121）
四、实证检验 ……………………………………………（124）
五、改革政策效应的总结与建议 ………………………（135）

第七章　基于财政事权与支出责任相适应的地方收入体系优化设想 …………………………………………………（138）
一、优化地方收入体系的基本原则 ……………………（138）
二、优化地方收入体系的基本要素设计 ………………（141）
三、界定地方政府机动收入权责 ………………………（150）
四、优化地方收入体系的设想 …………………………（153）

参考文献 ……………………………………………………（158）

第一章　绪　论

地方收入体系，即地方政府财政收入体系，是指我国省、市、县、乡镇各级地方政府为履行政府职能而筹集的一切资金总和及其配套的制度体系和征管体系。现代预算制度下，地方收入在形式上分为地方税收收入、地方收费收入、地方财产性收入、地方债务收入和来自上级政府的转移支付收入；按收入自主性分类，地方收入体系通常包括地方政府自主收入和转移性收入。地方收入的制度体系包括各税种的税法、预算法、中央和地方收入划分的规章制度等；征管体系主要指地方政府筹集收入的行政机关，例如税务部门、非税收入征管部门等。

一、研究背景和研究意义

（一）研究背景

1. 分税制之前的地方收入体系

党的十一届三中全会拉开了改革开放的历史序幕，中国财政收入体系随之由计划经济体制开始转型。1949—1978 年，中国一直实行的是高度集中的统收统支财政体制，这是由计划经济体制下各级政府对社会资源计划配置的背景决定的。从历史发展的进程来看，中国早期的计划经济体制是适应了当时的经济社会发展需要的,也是当时客观历史条件下比较切实可行的发展模式。当时计划经济条件下所实行的统收统支财政体制为我国后来的改革开放积累了较为坚实的物质基础。但是,不可否认的是计划经济体制在一定程度上抑制了地方政府促进生产和提供服务的积极性和创造性,不利于人民生活水平的提高。

1978年改革开放开始后,财政体制先行示范,率先进行"放权让利"。放权,是指将一部分资源配置权力,放给市场决定;让利,是将经济主体所得利润利益,让渡给市场主体。其中,江苏省1977年率先启动"比例包干",即央地间收入上缴与留用比例确定后,可以允许地方执行多收多支、少收少支、四年不变的办法。江苏省创新性地将"条条"财政体制改成"块块"为主。参考江苏经验,1978年开始,全国有10个省市开始执行"增收分成、收支挂钩",极大地提高了地方政府和市场主体的活力。

1980年开始,国家下放财权,财政上开始"分灶吃饭",即在确定省级政府上缴基数的基础上,将地方增量财政收入在中央和地方间做好划分规则。广东、福建施行"划分收支、定额上缴或定额补助",四川、陕西、甘肃等地"划分收支、分级包干",内蒙古等地划分收支后,增长部分留给地方,江苏继续固定比例包干方法。

1983年,中央财政在总结之前经验后,对分灶吃饭的财政体制进行改进:除广东、福建继续施行大包干体制外,大部分省级政府施行按固定比例分成的包干方法。对连续发生赤字的省份,将中央向地方财政的借款改成支出包干基数,或者以减少补助方式解决。随后,中央从1983年开始,分两步"利改税",从1985年开始实行"划分税种、核定收支、分级包干"的财政体制:划分税种为中央固定收入、地方固定收入、中央和地方共享收入;按隶属关系划分支出,对不宜包干的专项支出,由中央专项拨款安排;地方预算收支原则上按基数核定:凡固定的收入大于支出的,定额上解中央,固定的收入小于支出的,从央地共享收入中拿出一定比例给地方;固定收入和央地的共享收入仍然不能弥补支出缺口的,由中央定额补助；收入分配方法一旦确定后，一定五年不变；地方多收可以多支、少收只能少支、自求平衡。1985年"划分税种、核定收支、分级包干"体制，已具备"分税制"的雏形。该次改革后，地方收入体系主要是国营企业和集体企业的所得税、国营企业调节税和承包费、农牧业税等。但1985年的体制仍然存在鞭打快牛，地方留成比例小，调动地方积极性差，中央对穷省负担重但收入少的问题。

1988年，针对以上问题，中央继续改革，实行"财政包干"。其中10个地区施行"收入递增包干"，即以1987年为基数，确定地方收入递增和留成、上解比例：递增率以内的收入，央地分成，达不到递增率的，地方自有财力解决上解。3个地区施行总额分成法：央地直接谈定地方留成和上解比例。3个地区施行"增长分成"比例，即总额定率分成、增长定率分成。另外，还包括上解递增包干等方法。

从1977年分灶吃饭，至1991年财政包干，总结中国的地方收入体系具有以下特点：

（1）基于中国基本经济制度，以私人或组织是否占有剩余价值为制度背景；

（2）基于中国税制改革趋势，以中央和地方税制要素为收入体系设计对象；

（3）基于循序渐进改革原则，以中央为最终决策者，地方参与央地谈判；

（4）赋予中央财政较强兜底义务，照顾贫困省份财力缺口；

（5）基于制度刚性，确定体制后保持长时间不变。

改革开放后，经历较长时间的探索，至1991年，因中央对地方政府实行激励为主的财政体制，使中央和地方收支体系已形成"中央弱、地方强"的收入格局（见图1-1）。该收入体系虽然能快速提升地方政府发展经济和服务群众的积极性，但也存在较为严重的问题：一方面，削弱了中央宏观调控能力，特别是中央的收入占比逐年减少，中央财政入不敷出，不得不向地方借款；另一方面，助长了地方保护、无序竞争和市场割据。

地方政府囿于理性和自身利益出发，从中央政府层面争取各类优惠政策，倾向投入资金量小、建设周期短、收效快的短平快项目，造成重复建设，资源浪费严重。不仅如此，中央对地方政府实行激励为主的财政体制强化了政府对企业的行政干预，特别是政府照顾自己的地方国营企业，对其他类型企业漠不关心。各地为了保护自身税源，对市场经济主体进行保护，演化成"诸侯经济"。

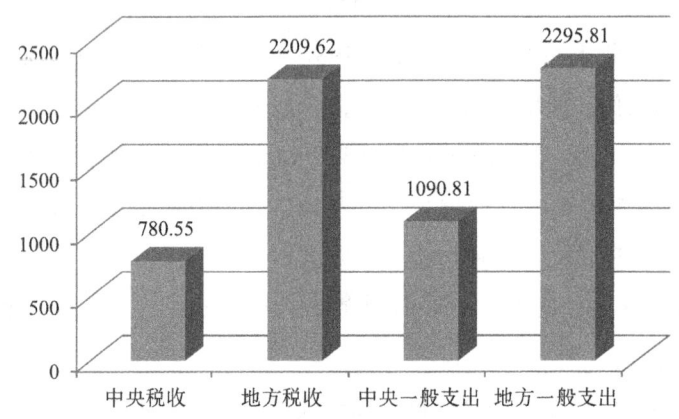

图 1-1 1991 年央地财政收支状况（亿元）

数据来源：中经网统计数据库。

2. 分税制改革后的地方收入体系

1992 年，经济和财政局势开始复杂化，"社会主义市场经济"被中央作为国策予以明确，相应地，财政体制、地方政府收入体系以社会主义市场经济基本框架进行改革。根据中央精神，财政部于 1992 年公布《关于实行"分税制"财政体制试点办法》，选择天津、辽宁等 9 省市开展分税制试点，具体包括明确划分中央和地方财政收支、确定补助和上解。

1993 年召开的党的十四届三中全会，通过了《关于建立社会主义市场经济体制若干问题的决定》，并提出了要积极推进财政体制改革，以此来建立和社会主义市场经济体制相适应的、合理规范的财税体制。同年 12 月，国务院发布了《关于实施分税制财政管理体制的决定》，决定全国分税制财政体制从 1994 年 1 月 1 日实行。财政收入的中央和地方划分方案见表 1-1。

表 1-1　　　　　　　　　1994 年分税制收入划分方案

中央固定收入	地方固定收入	中央与地方共享收入
关税	营业税	增值税 75:25
海关代征消费税、增值税	地方企业所得税	资源税（海洋石油归属中央，其他归属地方）
消费税	地方企业上缴利润	
央企所得税	个人所得税	证券交易税 50:50
地方银行和外资银行、非银金融机构所得税	城镇土地使用税	
	固定资产投资方向调节税	
铁路、银行保险总部营业税、所得税、利润和城建维护税	城市维护建设税	
	房产税	
央企上缴利润	印花税	
外贸企业的出口退税	契税	
	耕地占用税	
	土地增值税	
	国土有偿使用收入	

从分税制的收入划分方案观察，原来属于地方政府支柱财源的消费税、增值税被上收中央，为了避免对地方政府形成过度冲击，中央允许按 1993 年各地上划中央的净数额作为基数，全部返还地方，即税收返还。

分税制财政体制建成后，随着经济增长，中央和地方财政收入情况得到大幅改善，中央收入占比不断提升，从 1991 年的 26.1%，到 2007 年占比峰值 57.8%，最终至 2021 年稳定在 51.5%，根据图 1-2 税收收入中央占比可知，1994 年是分税制的关键节点。

由此可见，分税制财政体制改革取得了一定成效。首先，它增强了中央政府的宏观调控能力。其次，它从一定程度上调动了地方积极性。最后，它促进了全国统一大市场的形成。

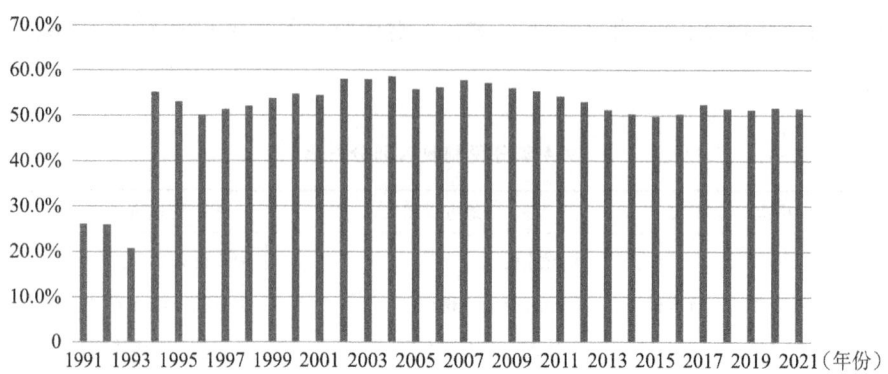

图1-2 1991—2021年税收收入中央占比

3. 科学发展观时期的地方收入体系

党的十六大提出,要全面开创中国特色社会主义事业新局面,财政体制随之迈入了新阶段。2003年,按照中央要求,全国财政工作会议提出"一二三四"工作的思路,具体地说,就是做大一个蛋糕、用活两个存量、推进三大改革、完善四项制度。做大一个蛋糕是指做大经济,做大财政收入蛋糕;两大存量是国债投资存量和粮食风险基金存量;三大改革是税制改革、农村税费改革、预算管理制度改革;四项制度是收入分配、社保、教育、公共卫生四个方面的制度。

特别是加入WTO后的2003—2008年,真正的开放红利快速凸显,中国经济年均GDP增长高达10%以上,财政收入规模持续上升,地方政府有了充足的财政收入来完成民生任务。主要体现在以下四个方面:

一是加大"三农"投入,促进城乡社会协调发展。从2003年开始,"三农"工作成为各级党委、政府的重中之重,出台一系列惠农政策。在执行农村税费改革的同时,给予农民大量的惠农优惠。特别是2006年废除农业税,将中国农民几千年的皇粮国税彻底免除。2008年决算报告显示,农林水事务支出占中央财政支出达5%。

二是倾斜民生支出,促进经济社会协调发展。在教育、医疗卫生等涉及人民群众切身利益的领域,加大投入,年均支出增幅在20%以上;加快廉租房、公租房建设，推进基层公共文化体系建设。2008年决算报告显示，教育支出同比增长48.5%，医疗卫生支出同比增长24.5%，住房保障支出同比增长19.2%，保障性安居工程支出同比增长114%。

三是划定特殊区域，给予大规模转移支付。提出并推动西部大开发、振兴东北老工业基地、推进中部崛起。通过体制和政策创新，努力推动实现区域间基本公共服务均等化。特别是试点财政省直管县、乡财县管，促进了县乡发展。通过收集2009年预算内容发现，中央财政加大对中西部地区和东北地区等老工业基地补助，特别帮扶困难职工的养老保险，对以上地区的企业职工基本养老保险基金补助资金共安排1392亿元。

四是腾出更多财力，支持科技创新和生态环保。为调整经济结构和发展内涵，财政不断加大对科技创新的投入。在节能环保方面，安排各类专项资金促进节能减排。以2008年为例，科学技术支出1163亿元，同比增长16.4%，环保支出1040亿元，同比增长33%，科技和环保支出均超额完成预算，合计占2008年中央财政支出6.1%。

这期间的财政收入体系发生了较大变化。首先，将内外资企业的所得税进行统一，适用一致的所得税税率，将税率降低至25%，并对符合条件的企业，税率降低至20%或15%。其次，实施增值税转型改革试点，2004年先试点装备制造业，2007年将增值税转型扩大到6省26个老工业基地。2009年，全国范围内执行增值税转型改革，使我国增值税由生产型转变为消费型，与世界接轨。2006年取消了农业税，自此地方政府收入体系中，农业税源消失。最后，将消费税的税目由原来的11个增加到14个。截至2009年，中国的税种减少到19个。

从1994年税制改革开始至2016年全面推开"营改增"试点之前，地方固定收入由于主体税种营业税的存在，增值税始终执行央地75∶25的划分方式。纳入共享范围的企业所得税和个人所得税实行央地60∶40划分。海洋石油资源的资源税收入划归中央，其他资源税的收入划归地方。证券交易印花税实行央地97∶3划分。与此同时，这期间因经济高速发展，快速增长的财政收入掩盖了地方政府财力不足的困境，迅速增加的国有土地出让收入,使地方政府有充裕财力确保公共投资快速增加(见图1-3)。

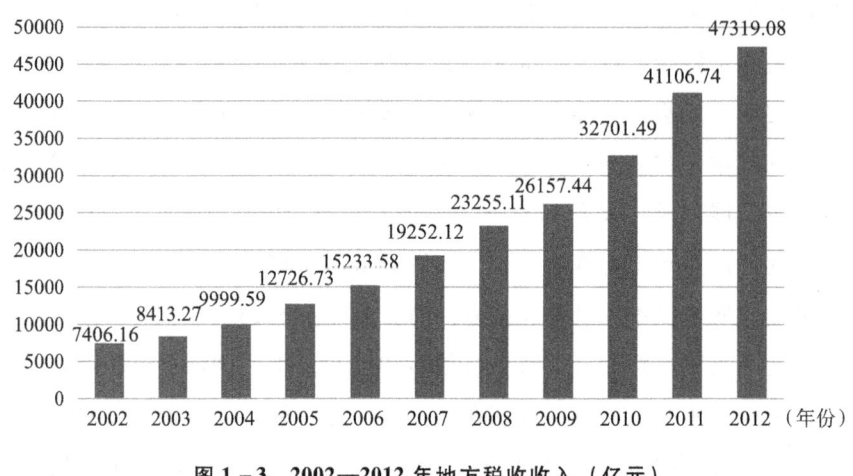

图1-3 2002—2012年地方税收收入(亿元)

4. 新时期的地方收入体系

2012年1月,"营改增"改革试点首个城市从上海开始后,财政部和国家税务总局随之发布了《关于全面推开营业税改增值税试点的通知》,一直到2016年5月1日止,"营改增"改革试点全面完成。之后为推进供给侧结构性改革,对增值税率进行细化调整,最终在2019年4月,将增值税税率定为13%、9%、6%三档,并按央地五五分成模式进行分税。由于"营改增"较大程度改变了地方收入格局,原来的服务行业营业税是地方收入,改为增值税后,虽然全部按央地五五分,但客观上还是减少了地方收入。同时,央地的五五分不具备稳定性,容易受中央意愿影响,因此地方政府开始倾向举债融资,推动地方公共基础设施建设,并扩大招商引资,实现财政激励和政治激励。

自2016年1月1日起,将证券交易印花税由中央97%、地方3%的分享比例全部调整为中央收入。在此期间,对《个人所得税法》实行较大幅度的修订,实现由分类课征模式向综合与分类相结合的课征模式转变。截至 2019 年,《个人所得税法》及专项附加扣除等配套文件全部出台,将个人所得分为综合所得和经营所得,按累进税率征收所得税,并在央地间按六四进行分税(见表 1-2)。

表 1-2　　　　　　　　　新时期的税收改革措施

税种	时间	改革内容
增值税	2016 年 5 月	推行"营业税改增值税"
	2017 年 7 月	将 13% 档税率归并到 11% 税率
	2018 年 5 月	调整小规模纳税人标准
	2018 年 5 月	将 17% 的税率调整为 16%,11% 调整为 10%
	2018 年 6 月	部分行业试行增值税留抵退税制度
	2019 年 4 月	制造业等行业税率由 16% 调整为 13%,交通运输、建筑业等调整为 9%
	2019 年 4 月	全面推行留抵退制度
	2019 年 11 月	发布《增值税法》(征求意见稿)
	2020 年 2 月	原小规模纳税人适用 3% 征收率的应税销售收入,减按 1% 征收率征收增值税
消费税	2016 年 10 月	高档化妆品税率从 30% 调低至 15%
	2016 年 12 月	超豪华汽车零售环节加征 10%
	2019 年 12 月	发布《消费税法》(征求意见稿)
环保税	2018 年 1 月	环保税正式实施
个人所得税	2019 年 1 月	改为个人所得税累计预扣、汇算清缴方式;提高税前扣除额,增加 6 项专项附加扣除
	2022 年 1 月	个人独资企业、合伙企业,适用查账征收方式计征个人所得税;延长全年一次性奖金单独计税时间;新增加"3 岁以内婴幼儿照护费"专项附加扣除
土地增值税	2019 年 8 月	发布《土地增值税法》(征求意见稿)
契税	2020 年 8 月	通过《契税法》
印花税	2021 年 6 月	通过《印花税法》
房地产税	2022 年 3 月	暂缓扩大试点
税收征管	2018 年 7 月	国地税合并
分税改革	2019 年 9 月	保持增值税"五五分享";增值税留抵退税"五五分担"

随着房地产市场的极端冷清,地方政府面临的土地收入开始出现下滑。2015年之后,民营房地产企业拿地的意愿开始降低,一方面与我国人口结构老龄化、少子化有关,另一方面被我国土地用途管制制度约束,因此土地出让收入无以为继。

最后,地方政府的债务出现高涨。特别是市县的或有隐性债务,通过国有企业等法人主体举借,中央和省级政府难以摸清,导致隐性债务风险迅速累积。2013年12月,审计署公布《全国政府性债务审计结果》[①],披露地方政府性债务合计17.9万亿元,存在规模增长较快,部分地区和行业债务负担较重问题。从土地、债务等方面分析,我国地方政府收入体系未能有效构建,仍然在中央统筹的框架下探索前行。

5. 事权与支出责任划分

1994年的分税制方案对事权和支出仅作出较为笼统的约定。中央财政承担的事权包括国防费、武警经费、外交和援外支出、中央级行政管理费、中央统管的基本建设投资等各项事业费支出。地方财政承担的事权包括地方行政管理费、公检法支出、部分武警经费、民兵事业费、地方统筹的基本建设投资、地方企业的技术改造和新产品试制经费、地方文化教育卫生等各项事业费、价格补贴支出以及其他支出、分配给地方的事权多于中央承担的事权。从分税制决定的划分方案分析,1994年的分税制方案对央地共同事权未作划分,对与事权相匹配的财权、财力、支出责任未作安排,存在事权与支出责任划分不清的领域。

事权划分不清晰会带来一系列问题。直接问题是,在中央收回由省掌握的部分税权后,省对地市的相关财权也开始上收,地市对区县的财权随之也上收,县进而上收乡的部分财权,层层上收弥补自身财力缺失。间接问题是,省以下各级政府和决策者,开始在预算体系之外,利用各类法人主体甚至下属行政机构,通过债务融资、罚款等方式筹措资金,导致地方

---

① 后续年份未公开披露政府性债务审计结果。

政府性债务规模快速扩大，偿债压力陡然增加，人民群众日益不满。

基于以上事权与支出责任问题，特别是 2013 年审计署公布全国政府性债务问题，2015 年年初摸底完地方政府隐性债务规模后，中央开始着手厘清央地财政关系，缓释事权与支出责任不适应问题。

首先，2016 年财政部公布《关于推进中央与地方财政事权与支出责任划分改革的指导意见》，将中央与地方的事权与支出责任做出相关界定。一是明确财政事权与支出责任的定义：财政事权就是指一级政府应承担的运用财政资金提供基本公共服务的任务和职责；支出责任就是指政府履行财政事权的支出义务和保障。二是指出现行的央地事权与支出责任划分存在不清晰、不合理、不规范的问题。三是对改革央地财政事权与支出责任指出划分方向：对中央承担的事权进行界定，包括国家安全，维护全国统一市场，体现社会公平正义，推动区域协调发展等方面的事权；加强地方政府公共服务、社会管理等职责，地方政府承担直接面向基层、量大面广、与当地居民密切相关、由地方提供更方便有效的基本公共服务；减少并规范中央与地方共同财政事权，将义务教育、高等教育、科技研发等规定为央地共同事权。

其次，2018 年公布《基本公共服务领域中央与地方共同财政事权和支出责任划分改革方案》，拉开各类公共服务财政事权与支出责任划分的大幕。在各领域的具体的改革文件发布顺序见表 1-3。从 2018 年开始，中央对 9 个领域的中央与地方事权与支出责任进行了划分，基本方法是将公共服务进行分类，将各地进行分档，从公共服务的属性、各地经济水平划分中央和地方不同比例的支出责任。

表 1-3　各领域事权与支出责任划分方案（国务院办公厅）

时间	文件名称
2016 年 8 月	《关于推进中央与地方财政事权和支出责任划分改革的指导意见》
2018 年 8 月	《基本公共服务领域中央与地方共同财政事权和支出责任划分改革方案》
2018 年 8 月	《关于印发医疗卫生领域中央与地方财政事权和支出责任划分改革方案的通知》
2019 年 5 月	《关于印发科技领域中央与地方财政事权和支出责任划分改革方案的通知》

续表

时间	文件名称
2019 年 6 月	《关于印发教育领域中央与地方财政事权和支出责任划分改革方案的通知》
2019 年 7 月	《关于印发交通运输领域中央与地方财政事权和支出责任划分改革方案的通知》
2020 年 6 月	《关于印发公共文化领域中央与地方财政事权和支出责任划分改革方案的通知》
2020 年 6 月	《关于印发生态环境领域中央与地方财政事权和支出责任划分改革方案的通知》
2020 年 7 月	《关于印发应急救援领域中央与地方财政事权和支出责任划分改革方案的通知》
2020 年 7 月	《关于印发自然资源领域中央与地方财政事权和支出责任划分改革方案的通知》

资料来源：中国政府网。

最后，事权与支出责任划分存在一些问题。最主要的问题是央地事权界限不明确。由于中国是从上至下的官员考核体系，因此下级官员的决策与上级官员指导方向保持一致，在履行不同事权的资源配置上，存在倾向性，例如倾向跨区域基础设施、土地整备等。下级官员在可支配资源总量较少的情况下，将有限财力配置给上级官员关注的事权领域，造成财政支出低效率。次要的问题是事权与支出责任不对等。中国基层政府承担了绝大多数面向居民个人的公共服务，例如教育、医疗、环卫等，但地方政府的收入在全国范围内仅占较小份额，特别是农村税费改革后的县乡政府，失去农业税为主要收入的税源后，运转困难，只能依赖上级转移支付资金弥补财力，增强自身支出责任。一些事权与支出责任倒挂的衍生问题也不断涌现，例如胡乱征收费用、跑部钱进等，造成区域干群关系紧张。如何在事权与支出责任相适应的条件下，优化地方收入体系，是新时代迫在眉睫需要解决的关键难题。

（二）研究意义

1. 理论意义

理论上，地方政府收入体系问题在国内被拆分为税收收入、非税收入、土地等资源收入、社保收入、债务收入，已有研究大多从以上收入角度展开，未能形成整体展开完备研究。首先，本研究通过细化界定地方收入体系，从整体宏观视角展开地方政府收入体系的研究，在一定程度上弥补了现有地方政府收入体系研究的不足。其次，本研究通过探究地方政府收入体系的构成要素，模拟分析地方收入体系优化的综合效应，一方面，将有助于从科学选择地方税主体税种、优化地方税制结构、加强辅助税种建设等角度丰富和拓展地方税制理论，同时从地方政府收入层面进一步完善和充实政府收入理论；另一方面，结合中央政府对地方财政事权与支出责任的监督考核和绩效评价，辅之以一般转移支付加强对地方政府监管，在一定程度上有利于深化地方政府治理研究。

2. 实践意义

目前，我国现有税种18个，其中关税和船舶吨税属于中央税并由海关负责征收。在剩余的16个税种中，增值税、企业所得税、个人所得税和资源税属于中央和地方共享税；中央税包括消费税和车辆购置税；地方税包括土地增值税、环境保护税、印花税、耕地占用税、城市维护建设税、城镇土地使用税、房产税、车船税、烟叶税、契税。本书以地方收入体系为研究对象，明确地方收入体系基本要素及内部各要素之间的相关关系，一是可为进一步理顺中央与地方收入划分、有效整合并清理中央对地方专项转移支付提供决策参考；二是为弥补地方政府履行财政事权和落实支出责任存在的收支缺口，助力科学设计一般性转移支付制度；三是对健全地方税体系方案提供合理化意见和建议。

二、研究目标和研究内容

（一）研究目标

本书的研究目标主要有两个：一是明确在"财政事权与支出责任相适

应"框架下如何优化地方收入体系；二是在"财政事权与支出责任相适应"框架下优化事权划分、提升地方政府治理水平的机制与策略。

（二）研究内容

本书按照背景分析、文献评述、问题探讨、适应机理、效应分析、政策建议的思路，安排以下几个方面的内容：

第一部分，中国地方收入体系的背景分析。这部分的研究内容是阐述中国地方收入体系的整体背景，它们是优化中国地方收入体系的背景蓝图。阐述的目的是确认目前中国的"中央—省"之间的收入体系与事权存在较大的不匹配问题。具体而言，省及以下政府承担了面向居民的绝大部分事权，但财权和财力相对薄弱，难以支撑地方政府有效完备地履行财政事权。

第二部分，国内外关于地方收入体系的文献评述。财政学作为以政府收支为研究对象，建立成熟理论体系的应用经济学科，对政府收入的来源、结构、规模、支出、管理有适合的理论分析体系。对地方政府的收入体系，有不同的理论观点。其中，具有代表性的是美国的联邦主义财政体制，以宪法作为合约，通过宪法约定各级政府事权与支出责任，对中国优化地方收入体系有良好的借鉴意义。除国外的财政联邦主义，近年来中国国内也涌现出大量值得参考借鉴的财政体制研究，对优化地方收入体系有非常好的指导作用。

第三部分，系统总结中国现行地方收入体系构成现状、典型特征和主要问题。这部分的研究内容包括三个方面：一是中央和地方收入构成现状，主要包括公共财政和非公共财政分成情况。二是总结中国现行地方收入体系呈现的典型特征，即地方政府资源经营性收入占地方收入体系绝大部分，公共财政收支存在较大缺口，地方较大程度依赖非税收入弥补公共财政缺口，地方政府民生事权的执行任务偏重，而上下级事权划分出现"收权放责"现象。三是针对中央和地方收入的具体情况，分析归纳了中国现行地方收入体系存在的主要问题，即中央与省、省以下的财政体制不完善，税种划分不够合理；税制比较陈旧，难以适应地方经济社会发展要求；收支结构不合理，企业负担较重；"地方收入体系"界定模糊，使地方政府收入固定性较弱。

第四部分，地方政府财政事权、支出责任与相互关系的理论分析。本部分在界定完事权、财权、财力、支出责任等基本概念后，在中国背景下开始分析中央与地方、地方上下级政府之间的关系，特别是中国单一制国家结构形式和公有制为主的经济体制下，中央与地方、地方上下级政府间的政治关系乃至经济关系以及围绕政治经济关系在事权与支出责任划分历史进程中所发生的不相适应问题，由此剖析和揭示我国政府间财政事权与支出责任要达成"相适应"，对地方收入体系建设及改革的内在要求。简单来说，本部分对"财政事权与支出责任相适应"进行理论分析。

第五部分，优化地方收入体系匹配事权与支出责任的理论模型分析。虽然现有的研究文献对财政联邦主义等西方财政学说进行了广泛的探讨，总结归纳的方面包括税制立法、税收征管、税收分成、税收调整等因素。但是，围绕这些因素建立的地方收入体系对事权与支出责任的匹配度不够，针对性也不强。因此，需要构建一个事权与支出责任相适应的地方收入体系经济学模型，刻画增强地方财政收入汲取空间和能力的必然趋势，解释地方政府内在激励的根源。具体而言，主要的研究内容包括：地方政府官员的行为目标函数；地方政府官员面临的外部约束；分级财政体制下地方政府理性行为选择；地方官员理性行为的经济效应传导机制；理性行为下社会整体福利效应分析。更为重要的是，此处构建两级政府体系，按中国财政体制和分税制设计目标函数和约束方程，中央政府集中财力可能引发地方政府对中央政府无限责任的预期，产生公共池效应的机会主义，激励地方举债弥补缺口；中央政府下放财力可能引发地方政府软预算约束问题，地方政府产生较强内在激励。

第六部分，近年来省以下财政体制改革的效应分析。这部分研究主要是对中国省以下"省直管县"财政改革的政策效应进行分析。自分税制改革后，中央和各省、自治区、直辖市开始对省以下地方政府进行收入体系改革，其中"省直管县财政"具有非常突出的地位。省直管县试点落地后，由省、县两级财政在收支划分、转移支付等方面直接建立业务联系，减少政策传递和资金拨付环节，增强政策和资金的精准性和快捷性，进而提高财政资金运作效率，壮大县级财力，增强基层公共服务保障能力。"省直管县"作为近年来在央地分税分成大格局下唯一的地方收入体系优化探索，对是否缓解县域基层财力，达成公共服务均等化目标具有非常重要的意义。

第七部分，优化地方收入体系的政策分析和建议。理论研究的目的是服务实践。在基于以上分析的基础上，本部分主要研究中央和省、省以下各级政府应该采取什么样的政策优化地方收入体系。研究内容包括：第一，优化地方政府收入体系过程中需要遵循的基本原则；第二，参考国际通行做法，优化中国地方收入体系的基本要素；第三，从事权、支出责任相适应的视角，较为清晰地对地方收入中机动部分的权责进行规范；第四，制定优化地方收入体系的设想。依据理论分析和实证分析，结合事权支出责任相适应的内在要求，对税收收入、非税收入、转移支付等收入体系进行规划。

三、研究思路和研究方法

（一）研究思路

本书研究遵循寻找问题、解释问题、研究问题、实证检验、优化建议的脉络，首先从国内外文献和中国特征事实识别中国地方收入体系存在的问题，使用中国现实数据解释问题本质，再通过较为经典的财政分权DSGE理论模型研究收入体系变动的影响机制路径，再使用地方收入领域的重大实践——"省直管县"进行政策检验,最终提出地方收入体系的优化设想。主要研究思路的思维导图如图1-4所示。

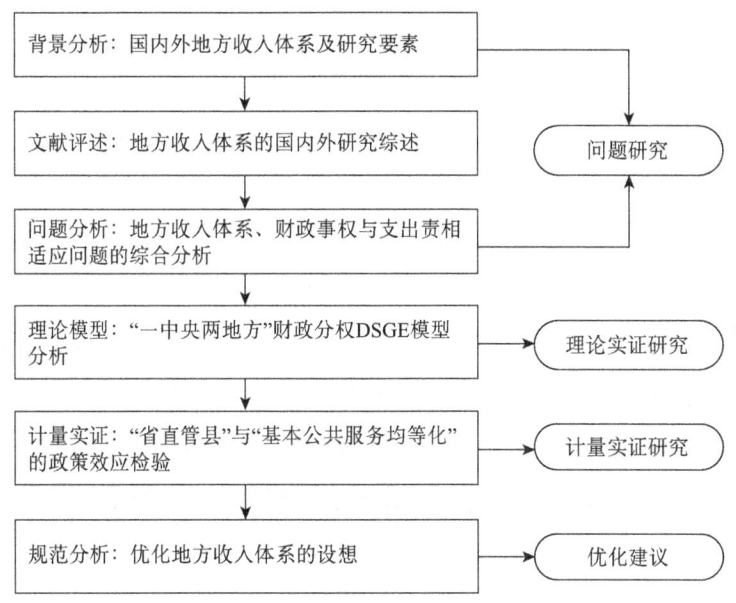

图1-4 研究的基本思路

(二) 研究方法

本书采用的研究方法如下:

一是文献分析法。充分收集整理国内外有关地方收入体系研究的文献资料,结合我国现阶段"财政事权与支出责任相适应"的制度背景,综合分析优化地方收入体系的可能性路径。

二是仿真建模法。采用财政分权DSGE模型,拓展中央政府和经济强区、经济弱区政府,设定中央地方分成比例、税率变化等政策变量作为外生冲击,使用中国数据校准参数后分析收入政策调整对宏观经济社会运行的综合影响,阐释政策变量的内在传导机制和影响路径。

三是案例数据实证法。在中央既定分税制框架下,"省直管县"改革是地方收入体系为数不多的重大改革举措。本书研究选取政策持续性高、区域代表性强的广东省作为案例，收集57个县（含县级市）分科目财政支出数据，使用多期DID方法检验省直管县对基本公共服务均等化的影响，用实际运作中的数据检验收入体系改革政策是否达成预定目标。

四、研究创新之处

本书的研究内容和研究方法创新主要有以下几个方面：

首先，研究思想比较创新。在研究的主体思想方面，本书研究从起点上认为优化地方收入体系，是充实政府收入的重要手段，是"财政事权与支出责任相适应"改革的研究目标和落脚点。现阶段大多数文献重点研究事权与支出责任如何划分以及人类文明的宏观共性财政问题，对实际操作中如何优化中国地方政府收入体系，解决地方政府收支矛盾的实证研究较少。

其次，学术观点比较新颖。本书研究认为地方收入体系的有效优化，是推进我国中央与地方财政事权与支出责任划分改革的理论延伸，是实施地方政府现代化治理方略的重要前提条件。过去的地方财权、财力、支出责任三者相互独立展开研究，特别是对地方政府收入体系，多数以"优化""改进""强化"等规范性词汇给予政策建议等，而没有具体的实证阐释。

最后，研究方法比较科学。对如何优化地方收入体系，本书研究使用了多级政府DSGE模型，结合中国数据参数模拟分析地方收入体系参数变动的经济社会响应变化，并就省以下财政体制改革进行了政策检验，创新性地通过数理与实证相结合方式，找寻出地方收入体系内在规律以及财政收支政策变动的影响机制，以便为实现地方收入体系有效优化提供政策建议。

第二章 国内外相关研究综述

依据各级政府事权与支出责任的法定规则,构建相应的地方政府收入体系,是世界各国政府设计财政体制的一般规律。无论是以财政联邦主义为主要财政体制的西方国家,还是从计划经济体制演变而来的中国,财政体制对各级政府有效行使职能,乃至对整个经济社会有着深刻影响。在我国经济与改革进程中,如何有效构建一个权责清晰、财力协调、区域均衡的央地、省以下财政关系,进而构建稳定、充足、持久的地方收入体系,是新时代财政改革工作面临的一项重要课题。

一、西方财政学界关于地方收入体系的研究

世界上绝大多数国家的政府采用多级政府形式,例如,美国采用的是联邦(Federal)、州(State)、地方(Local)三级政府体系,其中地方政府作为最基层政府,直接面向居民提供大多数的公共服务。按照各国经济发展情况和社会价值观念,通常将各级政府间财政体制分为集权型、分权型两种,不同类型的财政体制在事权与支出责任划分、收入和政府间转移支付的制度安排之间存在着非常明显的差异。

总结上百年财政体制发展经验,学者研究地方收入体系时,大多将分权型财政体制概括为第一代财政联邦理论和第二代财政联邦理论。

（一）第一代财政联邦理论

1. 公共经济学的研究

1950 年开始，以 Arrow、Musgrave 和 Samuelson 为代表学者的公共经济学体系兴起。其中，萨缪尔森推出了公共物品本质的两篇知名学术论文（Samuelson，1954；Samuelson，1955），Arrow 从外部性等市场失灵角度提出了公共部门的重新定义（Arrow，1970），而 Musgrave 的《公共经济学理论》奠定了公共经济学的基石（Musgrave，1959）。他们的论著从完全竞争市场前提条件出发，论证市场无法达到完全竞争的有效状态，需要通过政府公共服务以纠正市场失灵等现象，进而隐含了政府应该提供公共服务或公共产品的合理性。早期的公共经济理论认为，政府官员可能出于仁慈，也可能出于自己的政治激励，担当公众利益的代表，为辖区居民谋取最大的福利。反过来，当民众感觉到市场失灵的时候，就会通过既定的代议人员法定选举程序进行公共选择，没有履行好公共服务和公共物品供应的官员将会被选举程序淘汰。以上论断和观点，Oates（2005）总结为 Arrow – Musgrave – Samuelson 观点，即 AMS 理论观点。

在一个多级政府框架下，AMS 理论观点就会转化为一种假设，即每一级政府都会寻求最大化其各自辖区的居民福利，因此地方政府会在一定程度上促进居民福利的提升。在区域公共服务供给的人均水平低于全国的区域，即公共服务水平偏低的地区，财政分权对地方政府来说，或许是一种较为可行的财政体制。同中央政府在所有辖区内提供统一的公共服务水平相比，地方政府根据每个辖区的需求定制地方公共服务的结果显然会提供更高的社会福利水平。

第一代财政分权理论（也称"第一代财政联邦理论"）自此产生。这套理论设想了一种环境，在这种环境中，不同级别的政府为其管辖范围内所涵盖的公共产品提供最有效的产出水平。但由于各地情况迥异，几乎不可能存在某个级别的政府,包揽所有与当地社会、经济、人文情况完美配套的公共服务体系。很多公共服务存在区域外溢性,例如高速公路、污染治理等,第一代财政分权理论建议通过庇古税方式,处理公共服务的区域外溢性问题:联邦政府向地方政府提供专项转移支付,使地方公共产品的正外部性内部化。地方政府在收到专项转移支付后,会按"边际理论"的经济方式,一直提供公共服务或公共产品,使其边际效益等于政府专项转移支付的边际成本。

第一代财政分权理论还研究了分权型财政体制在收入再分配和稳定区域经济方面的作用。由于地方政府不具备货币发行权,而且在联邦体制下区域经济高度开放,因此分权型财政体制对区域通货膨胀水平和就业率的政策工具很少。因此 Musgrave(1959)认为宏观经济的相关职责应该由联邦政府承担。同时,大多数西方国家不存在户籍制度,因此居民和家庭的自由流动也会限制分权型财政体制发挥收入再分配职能。如果在分权型财政体制下,地方政府采取税收再分配措施,将资金从高收入群体财富向低收入群体转移,则将导致高收入群体外流和低收入群体大规模流入,因此第一代财政分权理论认为收入再分配职能应该由联邦政府承担。

接下来第一代财政联邦理论研究的问题是,如何设计适当的财政工具,可以约束各级政府实现当地民众福利最大化,还有如何为各级政府设计适宜的税制。这类文献关注的是,由于税基是流动的,怎么才能设计一个分权状态的税制,并且避免这种税制带来效率扭曲。例如,对流动的资本和劳动力,地方政府比联邦征收更重的税,可能扭曲资产配置(Gordon,1983;Inman & Rubinfeld,1996)。Tiebout 模型中,税收被看作家庭为消费当地公共产品而支付的"价格",因此地方政府应当采用财产税或服务收费方式补充自身财力。对流动的资本和劳动力报酬,应该由联邦政府或更高级政府征收税收。房地产税等财产税,由于与地理位置严格绑定,因此可以作为基层政府的主要收入来源。如果联邦、州、地方能很好地使财政支出的边际收益等于边际税率,那么居民用脚投票后,整个社会经济体能达到一个有效率的均衡状态(Oates,1996)。

最终，在第一代财政联邦理论的影响下，欧美国家联邦政府或中央政府收入划分上，为了避免税收过度扭曲经济效率，由联邦或中央政府对高流动性要素及其收益征税，地方政府对地理依附属性较强的要素征税，然后对地方政府给予转移支付。

但第一代财政联邦理论也存在一些问题。首先，该理论的学者认为存在一个凌驾于各级政府的"家长"来划分税收和事权，假定所有地方基层的经济结构和居民需求都是一样的，这种假设非常严格，但在现实中很难实现。其次，由于了解或掌握一个地区的税制需要时间成本，或存在政府隐瞒现象，如果居民对税制信息不完全，则无法让居民选择达到最优状态。甚至可能出现地方政府作为居民决策的"跟随者"而采用序贯博弈的策略行为吸引居民，实现区域即时效用的最大化。最后，联邦或中央政府的行为会被立法或司法机构干预，无法制定统一的税制体系，或给予各地方政府税源规模相应的转移支付。因为各地派出在联邦或中央的议员数量不一样，因此中央政府对高流动性要素征收税收后，其后续转移支付行为会被不同政治力量干预，即使转移支付结构实现了最优，同等数量转移支付在不同地区的产出效应不同。因此，政治上的限制使第一代财政联邦理论存在前提条件很难全部满足的问题。

Samuelson 关于财政分权的理论提出后，1956 年，Tiebout 描述了一个流动家庭的模型，他们根据自己对当地公共产品的偏好选择居住的社区。居民在某地定居，是取决于自身对地方公共服务的需要而流动的，并且这种流动会使整个经济达到帕累托效率。有些学者认为，Tiebout 模型是财政联邦理论的核心（Crémer et al., 1996）。即使在居民和家庭不能自由流动的情况下，第一代财政分权理论仍然有效，居民和家庭有可能因为各种原因而黏附于某地，并通过法定政治程序利用公共选择方式干预地方政府税收。因此，当各地政府提供越同质化的公共服务，而居民的公共服务需求越异质化的情况下，Tiebout 模型将强化居民选择进而增进全体居民的社会福利。

第一代财政联邦理论在实践中潜在的并发问题是"预算软约束"。如果采用分权型财政体制,那么如何管控好地方政府使用财政资金是一个难题。有些文献已经指出,分权型财政体制会使地方政府过度依赖上级转移支付和债务融资资金(Weingast,1995;McKinnon,1997)。特别是在联邦政府对地方政府有较强救助倾向的财政体制下,地方政府会因为"公共池"问题而过度支出(Goodspeed,2002),极端情况下地方政府会过度举债倒逼联邦政府,加速联邦财政体制瓦解,例如阿根廷国家财政危机。因此,在设计地方政府税制的时候,必须同步设计好如何管控地方政府支出行为,特别是要避免地方政府过度举债产生较强的即时福利引力,却将财政负担通过债务工具向后代转嫁而扭曲区域经济。

2. 公共选择理论的研究

地方政府收入体系既是财政问题,也是政治问题。公共选择理论的核心是将地方政府官员视为自私的理性人,官员有自己的效用函数,并追求个人效用最大化。在官员理性人视角下,第一代财政联邦理论的分析产生了不同的观点。早期较为简单的设定是官员追求将地方财政收入最大化(Niskanen,1975),因为更多的财政收入等于更大的政治权力、更庞大的公务员群体、更高的公务员薪酬。随后学者引申出"利维坦"政府的概念:通过最大化从经济中提取的财政收入,全力寻求自身扩张的政府(Brennan & Buchanan,1980)。因为分权型财政体制赋予各级政府一定权力去争夺周边居民和企业,因此各级政府会适当约束征税权力,避免处于竞争劣势,因此分权型财政体制能抑制地方政府利维坦化。Brennan & Buchanan从政治的角度为分权型财政体制提供了论据。

现有大量政治领域的研究则认为财政竞争可能扭曲经济活动。鉴于欧洲正在进行的经济和政治一体化(欧盟)以及欧盟正对成员国进行较强的财政体制约束,因此吸引部分学者开始关注成员国之间的财政竞争是否会扭曲经济。Rodden(2003)在第二代财政联邦理论的早期研究中提出,重要的不是采用分权型还是集权型财政体制,关键是二者所采用的形式。如果分权型财政体制采用的是税权、财权下放给地方政府的形式,那么"小政府"模式是可行的；但如果分权后地方政府的收入主要依赖上级转移支付，会产生非常严重的"预算软约束""公共池"问题，导致地方政府过度占有当代或后代资源，区域居民的财政负担过重。

（二）第二代财政联邦理论

第二代财政联邦理论突破公共经济学范畴，开始囊括政治学、心理学等理论，主要有两大观点来源：

一是公共选择和政治经济学。二者分别从政治程序和政治官员的理性行为角度考察财政联邦理论。过去第一代财政联邦理论认为官员的目标函数是"公共福利最大化"，但公共选择理论假设政治进程的所有参与者（包括选民和官员）有自身的目标函数，他们试图在一个行为受到约束的政治环境中实现自身目标函数最大化。

二是信息经济学。无论是各级政府官员的财政决策，还是居民和企业的居住经营决策，都依赖完全信息。信息不对称情况下，一些参与者对各类参与主体偏好、成本函数或政府努力程度等方面有所了解，这些信息却是其他参与者无法获得的，因而最佳的地方政府财政体制可能与完全信息环境下的操作有很大不同。因此，第二代财政联邦理论在很大程度上借鉴了公共选择和信息经济学的许多研究结论。

在第一代财政联邦理论下，居民和企业的选择受到两个方面的均衡影响：一方面，联邦或中央政府集中提供公共服务的效率低下，统一的公共服务不能反映居民和企业的偏好；另一方面，地方提供的效率低下，因为未能将管辖区间的外部因素内部化。第二代财政联邦理论与第一代有显著差异：地方政府官员在分权型财政体制下履行地方化公共服务的财政事权以及在集权型财政体制下联邦或中央政府已经定义好的公共服务财政事权之间做出平衡（Seabright，1996）。Lockwood（2002）、Besley & Coate（2003）提供了较为符合的联邦—地方分析框架，地方选举出的政治代表人在联邦或中央政府指导下，如何履行公共服务财政事权。这类分析框架的结论是,地方政府官员财政事权是否造成无谓损失,取决于联邦或中央机构如何行使中央权力。尽管第二代财政联邦理论使用的是公共选择和信息理论,但居民对公共服务偏好的异质性以及公共服务自身的外溢性,仍然是第二代财政联邦理论的核心要素。

第二代财政联邦理论在模型分析方面,使用糅合公共部门的产业组织模型进行研究。常用的是加入公共部门的委托代理模型,在这个模型中,委托方可以设计一系列方法,规避信息不对称情况下的委托代理问题,使代理方行为符合委托方和代理方共同利益,但结果有可能偏离委托方事前设定。这种委托代理模型同样地被运用于选民和政客间的关系,但是否适用仍然有待商榷(Wildasin,2004),因为很难确定选民是委托人还是代理人角色。2000 年后,有学者直接将联邦或中央政府作为委托方,地方政府作为代理方展开研究,忽略掉政治选举过程,参考公司治理模式的委托代理关系,联邦政府设计一套框架让地方政府在框架内帮助联邦政府实现目标(Levaggi,2002)。这类研究模型发现,如果联邦政府制定地方政府收入上限,对地方政府指定转移支付的用途(即专项转移支付),是一种较为有效的治理方法。Inman & Weinschelbaum(2007)将这种联邦和地方的委托代理模式称为"行政联邦制",将地方政府视为联邦政府在地方的代理人,这种体制相对更加适合中国情境,而不适合欧美联邦制国家。

第二代财政联邦理论的模型是将地方官员作为代理人,选民作为委托人展开研究。Tommasi(2007)设计了一种委托代理模型,委托人不是一个居民,而是一个集体。他使用"common - agency"模型描绘地方官员如何受到地区居民集体影响的过程,所构建的模型中,构建集权系统的公共官员,由所有人选举产生,对所有居民负责;而分权系统则构建为每个选区有 1 个代理人(官员),将两种系统进行对比分析。在这种分析框架下,解决委托代理关系问题的方法变为如何设计"委托代理协议",在官员较好履行代理人职责情况下给予奖励,在渎职情况下给予惩罚。对比分析的重点之一,是集权型财政体制对外部性内在化的收益与集权型财政成本的对比。分析的结果是,即使各选区居民的偏好是一样的,分权型财政体制更为可取，因为在分权型权力下放状态下，地方政府对基层选民的公共服务需求偏好更熟悉，更高效地供给公共服务。

类似地，对这种选民—官员的委托代理关系，Seabright（1996）将选举过程视为一种"不完全协议"，因为选举和被选举双方信息不完全。这种不完全协议状态下，谁掌握行为的主动权非常重要。虽然集权型财政体制能解决好外部性内在化问题，但分权型财政体制使地方官员被选举获得授权后，有更多的行为自由裁量权，更好地供给公共服务。这种对基层公共服务的敏感性和自由裁量，Seabright认为是选区福利水平影响地方选举结果的概率。最终集权财政体制和分权财政体制对比的关键成为：集权对选区外部性较强的公共服务良好的高层级管理效率，和分权下地方政府对不同公共服务更高的敏感度，二者之间的对比。研究结论多数认为，敏感度更重要，分权型财政体制更可取。

第二代财政联邦理论存在没有设计出精确的分级政府框架的问题。以上第二代的模型中，虽然已经分析出分权型财政体制是可取的，但没有明确指明应该采用哪种政府架构或政府间财政关系。第一代理论对政府间财政关系，提出了要按地方税源贡献比例向下转移支付，以解决好公共服务的外部性问题。如果在第二代理论中，引入上级政府对下级政府的转移支付，会打破原本解决外部性的集权体制和引来敏感性的分权体制之间的平衡。由此转移支付等相对选民来说，"信息不对称"事件再次出现。地方政府由于更接近其选民，被认为拥有联邦政府无法获得地方选民偏好、公共服务成本函数的优势。Cremer et al.（1996）指出，信息的获取是政府所处政府层级内生决定的，因此无法进行精准的经济学解释。

（三）财政联邦理论的应用和延伸

第一和第二代财政联邦理论，都认为"分权型"财政体制更适合分级政府。其原因主要有两个：一是地方政府官员对选区居民公共服务偏好更敏感，其行为对地方选民更透明（Faguet, 2012; Vasylyeva et al., 2014）；

二是联邦政府给转移支付附带条件，制定为专项转移支付，能提高地方政府公共服务供给质量（Zizlavsky，2016）。但财政联邦理论也存在一些问题，如宏观经济的不稳定性增强、财政制度变革过度依赖地方政府意愿和能力、地方公共投资项目筹资能力不足、政府间金融资源的横向竞争加剧等（Chygryn，2018）。

地方政府违规举债问题在财政联邦理论实证研究中十分突出。在财政分权后，地方政府官员为了提升公共服务总量和品质，或强化地方官员自治权力，倾向于在预算之外向社会筹措借款，超过自身偿债能力举借债务，甚至出现过度依赖上级转移支付，在预算之外使用转移支付资金作为担保举借债务的行为。但这种行为一定程度能促进辖区选民对地方官员的信任（Ligthart & Oudheusden，2015；Prince，2017）。

进一步地，对财政分权经济效应和社会效应的实证研究结论暂未统一。大部分学者使用一国或多国时间序列或面板数据展开实证研究，特别是财政分权能否促进国家经济发展的研究非常多。较为经典的文献是 Davoodi 和邹恒甫（1998），使用 46 个国家 1970—1989 年的经济社会数据发现，首先，在发展中国家，财政分权反而降低经济增速，原因是发展中国家基层资金用途的不确定性，有可能出现资金用途扭曲；其次，有些筹资方式不应该是地方政府采用的，而应该由中央政府来采用；再次，地方政府对税收资金的用途可能被中央政府限定；最后，居民和企业可能无法向地方政府表达自己对税收资金用途的偏好。也有文献通过构建不同的分权指标实证研究发现，财政分权和经济增长之间有较强的正向相关关系（Martinez - Vazquez & McNab，2006；Leonov，2012）。也有学者从货币学角度分析财政分权能够抑制地方政府财政赤字，增强整体经济的稳定性，避免通货膨胀（Rodden & Wibbels，2002；Vasilyeva et al.，2018）。从机制分析角度出发，部分学者剖析财政分权后地方政府支出科目的具体规模，例如从教育、公共投资、就业服务等科目具体规模出发，进行分析后发现教育等科目支出能有效促进地方经济发展（Szarowska，2014）。

财政分权同样对收入分配有经济影响。有学者使用 Gini 系数回归发现，财政分权能有效降低区域居民收入的 Gini 系数，使收入分配更加均等化（Martinez - Vazquez，2011）。但也有学者使用不同的收入均等化指数研究发现，财政分权并不能促进家庭层面的收入分配均等化（Neyapti，2006）。

因此，对于财政分权是否促进经济增长，是否促进收入分配均等化的研究，仍然未能得出一致结论。

（四）国外理论总结和实践应用

1. 税收收入的划分

虽然西方财政理论对分权、集权型财政体制的研究观点不一，但针对财政收入在联邦和地方之间的划分形成了两种鲜明的主流观点：

一是基于 Musgrave 和 Oates 的理论，认为应基于财政支出用途划分地方收入中的税收收入，主要的收入划分规则包括：①履行财政收入再分配功能的收入应划归中央政府；②履行财政稳定和发展经济职能的税收收入，应划归中央；③税源或税基在各地分布不均衡的税种应该划归中央政府；④对劳动力、资本等高流动要素课征的税种应该划归中央政府；⑤非流动性资产的税收收入应该划分给地方政府；⑥具有一定排他性或竞争性的公共产品所对应的收入，例如收费等，中央和地方政府均可征收作为本级收入。

二是基于最优税收理论，认为税种划分应该充分考虑财政支出的边际征管成本，使用较优的税收工具组合使征管成本降至最低，即使用边际的理论概念让经济效率达到最优（Smart，1998；Dahlby，2009）。根据这类观点，地方政府应该更多地依赖那些在资金边际成本最优水平下筹集效率更高的税种作为自身收入来源，也就是说，地方政府能够更好掌控、征收的税种，应该纳入地方政府收入体系。

基于学者研究结论，西方的立法机关和民众早期认为，税收满足以下条件则适用于作为地方收入体系主体：①容易在地方政府本地管理的；②仅针对本地居民强制执行的；③不会在地方政府之间或地方政府与国家政府之间引起"区域间协调"或"政府间横向竞争"问题（Bird，2000）。符合以上条件的税收收入，通常是房产税、财产税等。但不幸的是，出于多种原因，以上收入划分规则无法满足许多国家地方政府所承担的事权。首先，房产税在某种程度上是有缺陷的，它的征管成本较高，且难以有效管理，而且随着税负的增加，征收成本和管理成本问题会大大恶化。此外，在实践中，征收房产税，意味着税收归宿往往由租户或物业实际使用者承担，房产的所有者容易进行税收转嫁，从而削弱了以上"容易在地方政府本地管理"的论点；还有房产税作为与房产、土地价值相关的税种，面临税收总量不足的问题：除非是在最富裕社区，房产税不能为主要社会支出（教育、卫生、社会援助）提供资金。如果政府希望完整地履行事权，那么不可避免地依赖于上级政府的转移支付。

近年来，西方国家在实践中主要遵循以下几个原则来引导中央和地方政府间税收收入的划分（Fisher，2018）：

（1）以地方政府事权对应支出责任引导税收收入划分。市场经济条件下，税收收入是确保各级政府履行其事权的基本物质基础，因此，税收收入的划分必须与各级政府的事权和支出责任划分方案保持一致，只有这样才能满足地方政府履行职责的财力需要。但实践中存在的问题是，地方政府间存在税基和征管能力的差异，这样的税收收入分配可能导致经济欠发达地区出现财力不足。

（2）以受益原则确定地方政府税收收入的划分。受益原则要求，纳税人从政府提供的公共产品和服务中获得的利益，与其承受的税收负担对等，也就是把纳税人从政府提供的公共产品和服务中获得利益的大小作为税收负担分配的标准。如果一个税种与地方政府提供的特定公共产品和服务之间存在一一对应关系，那么这个税种应该相应地划归提供公共产品和服务的地方政府专有。

（3）以效率原则确定地方政府税收收入的划分。效率原则要求，税收收入在中央和地方政府间的划分,在经济上不能损害经济活动的效率以及应便利于税收的征管。一方面,要尽量确保各级政府间税收收入的划分不损害或尽可能少地损害地区间的资源配置效率,例如不能将企业所得税划分给地方,避免出现"税收洼地"。在对流动要素征税或对运用流动要素所产生的税源进行征税时,如果该流动要素可以低成本流通,则应将此税种划归中央税,避免产生效率损失。另一方面,政府间税收收入的划分应当有利于优化全国和区域间产业结构。全国范围内实现产业结构优化的战略意图,其规划和运作主体应该是中央政府,所以能够影响产业结构的税种应该划分给中央。

(4)税源均衡性原则。税源均衡性原则,是指横向的地方政府间的税收收入划分尽可能使税收收入在课税对象发生地缴纳,在一定程度上也是反映地方性公共产品和服务的受益者和成本负担者之间的对应关系。现实中,较为典型的是我国生产环节征收的消费税,在生产环节征税,而将税源留在生产地,税收则来源于消费地,这不符合税源均衡性原则。

根据以上税收划分原则,西方国家执行财政联邦主义时,一般意义上的税收划分基本框架见表2-1(Bird,2011)。

表2-1　　　　　联邦制国家税收收入划分常用框架

收入类型	联邦政府	州政府	地方政府
个人所得税	Yes	同源课税	No
工薪税	Yes	同源课税	No
企业所得税	Yes	No	No
自然资源税	Yes	限制课税	No
增值税	Yes	No	No
销售税	Yes	Yes	No
海关关税	Yes	No	No
消费税	Yes	同源课税	No
财产税	No	No	Yes

资料来源:Bird R M. Subnational taxation in developing countries: a review of the literature [J]. Journal of International Commerce, Economics and Policy, 2011, 2 (1): 139-161.

2. 税收制度体系和征管体系的划分

税收立法权是各级政府之间，按照一定的法定程序制定、修改、补充和废止税制的权力。通常情况下，税收立法权有分权型和集权型两种：分权型立法权下，地方政府拥有地方税种完整的立法权和同源课税、税收寄征等事务的立法权，有助于地方政府自主组织财力；集权型立法权下，无论是何种税收，主要的税权都由中央政府掌握。

税收征管权是联邦和地方政府职能部门执行税法，并征收与管理税收的权力，具体体现为税款核定权、税款征收权、采取税收保全措施权、税收强制措施执行权、税收稽查权、税务行政处罚权和税收行政复议裁决权等。同样地，在集权型税收征管体系下，绝大部分税收的征管工作都由中央政府的部门和分支机构承担，税收入库后再做分解下划。在分权型税收征管体系下，中央和地方政府会各自成立组织机构和工作程序，分别征收中央税、地方税和共享税。

国外的税收制度体系和征管体系划分一般框架见表2-2（Shah，1994）。

表2-2　　　　联邦体制下的制度体系和征管体系框架

税种	税基立法	税率立法	征管权	备注
海关关税	联邦	联邦	联邦	国际贸易税除外
企业所得税	联邦	联邦	联邦	避免资本无序流动
租金、收入税	联邦	联邦	联邦	不均衡分布原因
版税、收费等	州和地方	州和地方	州和地方	按受益原则
环保税	州和地方	州和地方	州和地方	保护地方环境
个人所得税	联邦	联邦、州和地方	联邦	收入再分配和可流动性
财富税	联邦	联邦、州	联邦	收入再分配
工薪税	联邦、州	联邦、州	联邦、州	按受益原则
多环节销售税	联邦	联邦	联邦	稳定工具
单一环节销售税	联邦、州	联邦、州	联邦、州和地方	较低的纳税成本

续表

税种	税基立法	税率立法	征管权	备注
财产税	州	地方	地方	非流动要素、受益原则
土地税	州	地方	地方	非流动要素、受益原则
烟酒税	联邦、州	联邦、州	联邦、州	维护健康原因
赌场、彩票税收	州和地方	州和地方	州和地方	州和地方政府管理责任
燃油税	联邦、州和地方	联邦、州和地方	联邦、州和地方	联邦、州和地方都有公路
车辆运营相关税收	州	州	州	州承担车辆管理责任

以美国为例，联邦、州和地方三级政府均有相对独立的税收立法权，各级政府都可以在联邦和州宪法规定的范围内，开征经过国会或州议会核准的税收。美国的联邦宪法规定，联邦政府不得对任何一个州输出到国内另外一个州的任何商品征税，美国的州长期以来形成了较为固定的立法权限，只要州尝试的税收不与联邦宪法间出现相互抵触，便可以通过立法程序确认有效。

总的来看，西方国家对地方政府收入体系，给予较高自主权，例如税收立法权、举债权、收费权等各项权力，联邦政府对下级政府的转移支付也以具体公共服务项目为准，很少提供弥补政府一般公共服务支出的一般性转移支付。

二、中国财政体制相关文献综述

毛泽东同志在《论十大关系》中，将中央和地方关系作为十大关系之一。他曾指出，中央和地方的关系是矛盾的，解决的方法是：在党中央集中统一领导得以巩固的前提下，扩大一点地方权力，给地方更多的独立性，让地方能够办更多的事情。毛泽东同志还指出，中国地方大、人口很多、情况复杂，同时有中央与地方两个积极性，比只有一个积极性要好得多……省市也要注意发挥地、县、区、乡的积极性,都不能够框得太死,处理省以下关系的原则,应当提倡顾全大局,互助互让。在毛泽东思想体系下,如何调动五级政府的积极性,是中国财政地方收入体系研究的起点。

本章节按照"以支定收"的逻辑框架,梳理中国财政体制的历史文献。

(一) 财政事权与支出责任

在"一级政府、一级事权、一级财权、一级税基、一级预算、一级产权、一级举债权"的政府框架下,合理的事权与支出责任划分,是构建地方收入体系的前提(贾康、刘薇,2017)。

1. 事权与支出责任的事实描述

1978年改革开放后,旧的计划经济体制被打破,新的市场经济体制尚未建立,中国各领域处于探索中,财政体制的改革也在探索中前行。1980年—20世纪90年代初,中央和地方在财政上实行"分灶吃饭",从而使地方政府将财力"藏富于民"以及"藏富于企业",最终结果是虽然有了经济快速增长,但中央财政面临困难的局面(杨志勇,2016)。1992年将社会主义市场经济体制写入宪法予以确定后,分税制框架下的事权与支出责任有了明确的划分基础。杨志勇(2016)认为,1994年分税制改革的事权划分,更多的做法是对既往的总结,大多体现的是路径依赖,而不是真正的改革创新。分税制改革后,财政困难的县乡政府使自己更加关注实际可支配财力,"事权与财力匹配"在20世纪90年代被广泛提起,在全国各地县乡普遍缺少财政资金的情况下,给权不如给钱(财力)的思潮占据上风。在2000年左右,中央本级支出只占全国财政支出15%左右,现实中省以下政府的正常运转依赖上级转移支付,而转移支付过大,容易带来效率损失。

1994年分税制改革中，事权与支出责任改革虽然没有实质性进展（陈伟伟、冯丹萌，2019），但很大程度借鉴了美国联邦体制的思路。在美国1996年社会福利改革中，联邦政府将更多的财政事权给予州政府，与此同时，相应给予对称的转移支付作为保障，因此事权可以在上下级政府间变化，但需要财权和财力的配套支持，还有相配套的法律程序保证财权和财力的刚性。因此，在美国、德国、法国、日本、英国等发达国家，改变各级别政府的事权难度很大，宪法对各级政府事权做出原则性规范后，各级政府因宪法的严肃性很难改变事权划分。由于法律制度框架不健全，因此即使分税制划分了事权，但现实中也没有得到充分的遵守。例如，在外交、国防等事权上，由地方政府承担支出责任。

2016年，国务院开始探索事权与支出责任中央和地方的划分工作。首先，对财政事权作出详细定义：财政事权是一级政府应承担的运用财政资金提供基本公共服务的任务和职责，支出责任是政府履行财政事权的支出义务和保障。随后，在一般公共服务、教育、科技、医疗卫生、公共文化等领域发布事权与支出责任划分方案。多数中央和省之间的事权与支出责任划分方案基本完成，自2022年开始，国务院开始着手推进省以下财政体制改革，健全省以下财政体制，增强基层政府的"三保"能力。

2. 事权与支出责任的理论分析

早期财政学界的理论研究围绕财政事权与支出责任二者关系展开。白景明等（2015）认为，事权强调权力的归属和执行主体，支出责任重点是履行事权的成本由谁承担，简单来说，事权是前提，拥有什么事权就要承担相应的支出责任。刘尚希（2017）也认为，清晰明确的事权划分是支出责任划分的前提，是理顺政府间财政关系的起点，只有把各级政府要承担的事权明确后，才能明确各自的支出责任。

学者总结出事权与支出责任存在多种问题。首先，政府与市场的边界不清，导致事权范围难以界定。加入WTO后，中国经济高速发展，科学技术日新月异，群众需求快速变化，这些变化挑战各级政府职能范围，很难精准界定各级政府事权范围。虽然近年来在"放管服"方面做出了大量推进工作,取得大量成绩,但政府职能转变仍然没有到位。

其次,事权与支出责任划分缺乏法律依据。根据《政府组织法》,上级人民政府应当对下级人民政府的区域合作工作进行指导、协调和监督,因此下级政府有责任完成上级政府要求交办的事务。但交办的任务所对应的支出责任,则无法律依据划定支出责任,上级政府官员大多依据自身对下级政府财政能力、辖区经济状况、风险承受的判断制定转移支付办法。例如在20世纪90年代"抓大放小"期间,为了缓解下岗职工生活保障,中央政府大多将下岗安置事权下放给地方政府,作为新增事权却未划定支出责任,因此新生的"城投模式"解决下岗职工安置,虽然有政策擦边球的倾向,但中央也给予默许。而且部分事权在缺乏法律依据的情况下,地方政府可以按照自身偏好履行事权(刘尚希,2018),从下级政府行为选择上造成效率损失。

其他问题还包括政府间事权与支出责任的方向性模糊,主要是很难选择集权/分权和中央/地方主导地位。有学者基于中国国情和背景认为,财政分权作为全球趋势,是一种可选的方案,可以适当给予地方政府必要的决策参与权(杨雅琴,2015;魏加宁,2014;贾康、龙小燕,2015)。另外,有学者认为,中国事权与支出责任的划分,与集权和分权关系不大,而与中国历史传统和路径依赖有关(杨志勇,2013),世界各个财政分权国家是在集权和分权的中间靠拢(杨利敏,2002)。在事权主导地位方面,中央和地方间、地方内部机构间谁承担事权和谁承担相应支出责任,存在交叉重叠。中央承担的民生事权少,投资事权多,地方承担的民生事权多,投资事权少,是普遍现象;一级政府同级部门间存在事权重叠、职责交叉,不同级政府间事权存在"越位"和"错位",例如某些地方政府,直接投资于商业流通、工业项目、日常用品等一般竞争领域项目,甚至出现多部门竞相垄断市场化竞争行业。白景明等(2018)对东北地区调研发现中央与地方财政事权与支出责任划分存在的问题,主要表现为地方花钱承担了很多本应属于中央的事权与支出责任,中央也花钱承担了不少本应属于地方政府的事权与支出责任。傅志华等（2018）通过调研东部地区发现各级政府共同事权偏多，事权的"共同性"和"相似性"模糊不清。

最后的问题是各级政府事权与支出责任相互间不适应。根据经济管理理论，当发生委托事权时，支出责任要随委托事权相应转移，保障事权完整履行；对于共同事权，央地政府间和地方政府间应按承担比例负担支出责任。由于分税制改革并未对事权进行明确划分，因此在模糊状态下财政事权与支出责任下移，很多本应由中央承担的事权，委托给省级政府承担，省级政府上行下效，继续下沉。虽然上级政府下移事权，大多会相应给予地方政府转移支付资金，但很容易导致混淆转移支付、支出责任：刘尚希等（2017）指出，政府间转移支付的目的是使下级政府的财力与事权匹配，这种转移应该是无偿的，不能替代履行这项事权的支出义务和保障（支出责任），即支出责任还是上级政府的，不能因给了转移支付资金就将支出责任给到地方。

3. 事权与支出责任问题的解决方法

总结以上事实和问题，中国很多事权是改革开放过程中，随客观环境新生出来的，不应该是简单的上移、下移的概念。中国财政事权与支出责任，很多问题出在整个体制上，而不是简单的财权和事权的问题，比如"中央点菜，地方买单"，是事权与支出责任的典型事实，在中国体制下无法避免（刘尚希，2016）。从整体上分析，中央层面的事权与支出责任划分改革最快，但省级政府推广进度较慢，地市更慢（胡凯，2021）。有学者建议，下一步的事权改革，应该实现哑铃型分权结构，事权集中在中央政府和县级政府，省级政府承担监督责任，升格县级政府取消地级市政府（吕冰洋，2014）。另外，要使用法制化手段，推动事权与支出责任走向规范化（刘尚希等，2017；贾康，2015；杨志勇，2017）。对事权划分，应当坚持外部性原则、激励相容原则、贴近信息原则（楼继伟，2018），对外部性较高且信息处理复杂的事权应采取委托地方的方式处理，外部性较低信息处理不太复杂的，归属低一级政府事权（白景明等，2018）。中央应该承担更多事权，尽量减少共同事权，明确共同事权比例（陈伟伟、冯丹萌，2019）。对具体的基本公共服务，要识别公共服务受益范围和一级政府能力边界，可以采取多中心治理模式，按"就近一致"原则将不同公共服务的供给确定给不同层级政府，可以借鉴"功能覆盖性竞争辖区"模式（FOCJ 模式），在国内成立特别区，解决公共服务受益范围纵向、横向空间重叠的尴尬（李森，2017）。

（二）税收划分

1. 税收划分基本情况

税收划分是分税制体制和政府间收入分配的核心问题。虽然1994年分税制改革后中央地方收入划分的基本框架保持稳定，但税收划分还存在一定的问题（朱青，2002）。中国的特殊国情同时使税制设计不可能像国外那样完全按税种划分各级政府收入，只能走共享税道路，否则税种的区域不均衡将造成严重的政府间收入不公平（贾康、白景明，2005）。原则中"一级财权"是税基分配问题，各级政府为了确保自身的安全和尊严，应该有自己的确定、稳定、持久的税源。2002年，国务院实施所得税收入分享政策，中央以各地区2001年实际的所得税为基数，实施增量分成，2003年所得税中央分成60%、地方40%；逐渐地，在中央、地方间主体税种分成体制大致成型（吕冰洋，2014）。

截至2022年6月末，我国税收央地划分以表1-3为准，但"地方"往下如何进行具体划分，各省细则由各省确定，尚未形成统一的省以下财政体制。

2. 税收划分的问题

从1994年形成的税制体系保持稳定运行，但存在税制体系缺陷问题。一是税收立法权高度集中。分税制改革后，中国税收立法权仍高度集中于中央政府、全国人大的局面并未随之改变，地方税税种立法权、解释权、税率调整权和减免权都未下放给省和省以下地方，致使省以下地方政府无法根据本地的实际情况，制定地方税的收入制度、税收规模、税收种类、征收标准和管理办法等，无法获得充足的财政收入，完成必要的财政事权。典型的现实情况是，地方政府收入难以满足支出需求，只能通过地方政府融资平台、PPP项目、政府购买服务等方式获取信贷资源以完成政府目标。另外，虽然《立法法》已从顶层制定税制必须法制化，但中国缺乏一部能够统领整个税收原则、税收体系的基本法，税制体系缺乏有力的法律依据和行为规范，这从增值税率调整和暂缓房地产税扩大试点可以看出。

二是税种设置存在偏向性。地方税主要是土地增值税、契税、房产税、车船税和耕地占用税，与土地和空间严密绑定，且纳税资金大多来自企业和个人收入，税源具有收入不稳定、征管难度大、税源零星分布的特点。地方税体系征税对象单一，缺乏稳定性强、征管便利、税源集中的税种。

三是征管体制改革，拉长了收入分配流程。国地税合并后，税收收入的征管工作归属新的税务机构，地方政府难以充分行使对地方收入的征管权和有限的自主裁量权。省市县的国税、地税机构合并后，税收的征管权、检查权等全部归属新的税务机构，导致原本较为清晰的中央税与地方税划分流程变得模糊。另外，征管工作流程拉长，使下划地方收入的手续繁杂，导致税收分成比例因地而异，出现"弹性税收分成"（吕冰洋等，2016）。

世界较为常见的税收划分方法是高度分权的美国财政体制，实行联邦、州、地方三级政府管理，上下级政府不存在等级隶属关系，有各自的税收立法、税收执法和税收司法部门，独立行使宪法赋予的权力，上级政府对下级政府不享有人事权和财政权。联邦政府以个人所得税为主，州政府以销售税为主，地方政府以财产税为主。这种完全的分税制体系也被瑞典、挪威、意大利等国采纳。德国作为联邦制国家，也采用分税制，但强调分权自治：税收立法权集中在联邦，执行权分散，主体税种的税制事务集中在联邦，小税种的各项事务分散给地方。德国模式是"集权""分权"相兼容的分税制，地方政府对小税种享有适度分权。法国是较为经典的中央集权财政体制：中央、省、市镇三级政府三级管理，主要权力集中在中央，地方只能按中央政府的税收政策和法令执行，设立中央和地方两套税收征管系统，不设立共享税，互不交叉分别征收。从世界的通行做法看，中国的政治体系很难照搬国外。世界对于地方税权总结为以下三种模式（周艳，2013）：①税收立法权和管理权完全属于地方，地方政府可以自主征税；②税收立法权属于中央，地方政府在税制细则的制定上有较大的自由裁量权；③立法权和征税管理权属于中央，地方政府只负责征收工作。中国的地方税体系本质上属于第③种，是在中央制定税收制度、规范税收权限、下放征收管理后组成的有机整体。

主体税种设定为中央税，然后中央政府通过转移支付帮助地方政府履行基层事权，部分学者分析该方案是下策（吕冰洋，2014）。首先，中央征税会产生扭曲；其次，中央征税再进行分配，将产生资源错配；最后，即使转移支付在两级政府间的配置效率很高，但经过中央—省、省—市、市—县三层转移支付，最终能抵达基层县的效率会很低。例如，给基层县的转移支付，两级政府间留存10%，也就是转移支付落地率90%，到基层县也只剩余中央转移支付的70%。因此，构建地方税体制至关重要，特别是区域受益性强的房地产税、财产税、消费税。采用省和地市的实证研究发现，地方政府的增值税、企业所得税为指标的税收分成比例呈现下降趋势（吕冰洋等，2016；毛捷等，2018）。

3. 税收分成的改进

研究税收分成的学者从多角度对如何划分税收提出了建设性的意见。有学者建议，鉴于我国税收分成的稳定性较弱，应该通过人大立法机构出台法律规章制度，规范税权划分，并科学合理地确立地方税种（周艳，2013）。分成比例的波动使地方政府降低税收努力和经济调控积极性，应该明确地方税种，尽可能减少税收分成的规模和范围（吕冰洋等，2016）。另外，提高税收分成比例，可能改变地方政府支出结构，增强生产性支出的"挤出效应"，因此不能进一步扩大地方政府在增值税、所得税上的分配比例，应将流动性弱、地方政府接近纳税信息的税种直接划定为地方税（马光荣等，2019）。

总结归纳学者解决税收分成问题的建议，大多认为应该设定完善的地方税体系，充分利用地方政府地理上和信息上与纳税人的熟悉度，发展地方税种，避免因税收分成导致地方政府在治理行为上的偏差和效率损失。

（三）转移支付

经济基础决定财政空间。税收分成后，地方政府初步有了财力格局，但各地经济情况差异巨大，情况十分复杂，需要上级政府转移支付资金给予补充。转移支付是地方政府弥补财力的重要工具，是地方收入体系的重要成分。

定义上，转移支付是财政资源在政府间的无偿流动，是单方面无偿让渡（马海涛，2004）。在转移支付方式上，大多学者将转移支付分为有条件转移支付、无条件转移支付、分类转移支付、税收支出型转移支付（钟晓敏，1997），也有学者区分为三类：一般转移支付、专项转移支付、有条件转移支付（何振一，2003）。在转出转入对象方面，多数文献分为横向转移支付和纵向转移支付。

关于转移支付的经济作用方面的研究较多。在分权财政体制内，市场分割是地方政府的一个理性选择，转移支付则能从资金上切断市场分割和财政收入之间的联系，降低地方政府的割据行为（陆铭等，2007）。刘小明（2001）的研究指出，财政转移支付的作用包括实现各地公共服务水平均等化、确保实现宏观调控目标、弥补地方财政收支、调整地方"溢出"利益和特殊救济等方面。杜放（2001）指出，财政转移支付具有四大功能：①保障功能，即保障各级政权运转和经济建设需求；②配置功能，即配合市场按照产业政策进行资源配置；③激励功能，即鼓励各级政府增加收入，防止坐享其成；④救济功能，即因遭受灾害给予特殊补助。虽然有大量研究已经指出，转移支付能够促进各省财力均等化（付文林、沈坤荣，2012；贾晓俊、岳希明，2012；王瑞民、陶然，2017），但财力均等化不等于公共服务均等化，有实证研究表明，转移支付可能因附带条件、粘蝇纸效应等原因恶化公共服务均等化（吕炜、赵佳佳，2015；李永友、张子楠，2017）。

三、文献评述

优化地方收入体系需要坚实的理论和现实依据支撑。西方财政学界在 21 世纪初，已经形成了完备的地方收入体系理论分析和现实执行框架，依据的理论是财政联邦理论，依据的现实基础是各国宪法，因此西方的研究结论大多认为，在确定了地方政府事权后，收入体系可以由地方政府依据宪法赋予的立法权自行构建。近年来，开始对义务教育的学区、慈善基金的使用等公共服务细分事项上进行经济学研究，采用较为复杂的计量实证研究工具进行阐释，特别是政策效应的研究较为丰富，很少对分权型财政体制提出大的修改或变动建议。

但中国的情况相对复杂。首先，公共选择机制和信息经济学理论不适用于中国政治体制。例如，西方的选区和选民制度不适用于中国，因此居民对公共服务的需求难以通过规范的政治程序向上表达。其次，我国分权型财政体制，特别是税种的立法权，税收的征管权不具备法律依据。虽然人大是最高权力机构，拥有立法权，但权力仅集中在全国人大，地方人大的立法很难推进。即使中央将部分税种的立法权下放地方，地方也可能因接收权力承担全部义务，继而失去上级政府支持的逻辑关系而不愿推进地方税制立法，即仍然存在较严重的上级政府依赖——"公共池"问题。最后，复杂多变的国际环境和经济增速放缓，使中央重视对预算和财政体制的"战略指导",需要使用财政政策更积极地强化对宏观经济的调控,此时向下执行分权型财政体制,将减少宏观调控可用工具,极大地削弱中央政府的调控能力。

但已有西方研究和中国研究,为后续研究提供了良好的思路和方法。例如,分权型财政体制下的税收分成,联邦立法制定基础税率,地方立法制定附加税率的央地分工,可为后续研究和政策建议提供参考。从以上研究分析,优化地方收入体系,必须解决以下几个问题:①如何进一步细化财政事权与支出责任划分,使二者相适应;②地方政府权利和义务的"公共池"矛盾;③健全省以下财政体制,充分发挥省、地市、区县政府三级政府提供公共服务的积极性。

第三章 地方收入体系构成现状、典型特征和主要问题

地方收入体系和收入制度是确保地方政府履行财政事权的经济基础和制度依据，其核心是确保地方各级政府的独立自主，是地方政府能否构成一级独立预算主体的前提。中华人民共和国成立后，实行过4种形式的收支体系，具体包括：统收统支、高度集中；统一领导、分级管理；划分收支、分级包干；分税制管理体制。依托较为充足、独立的收入体系，地方政府成为相对独立的一级预算主体。

作为世界各国普遍使用的财政体制，分级分税制能达成中央与地方事权与支出责任相适应，即运行规范，又有法理基础的目标，最终被各国采纳且保持长期相对稳定。首先，公共产品具有级次性和外部性，可以根据公共服务的受益范围划分为不同级次和类别，例如按照地域范围划分为全国性公共产品（中央事权）、地方性公共产品（地方事权），全国与地方共同承担的公共产品（中央与地方共同事权）。因此，不同公共产品需要按供给主体的供给责任政府级次不同提供相应财力，分级分税制符合公共产品的分级供给要求。其次，按受益范围划定不同级次政府提供，既体现亚当·斯密的受益公平原则，也符合古典经济学资源配置的效率原则。最后，按照西方公共经济学理论，按受益范围划分公共产品供给政府级次和相应支出责任，除了二者相适应外，还符合社会资源配置的效率原则。因为按熟悉程度，基层政府最了解其辖区情况，掌握最完全的信息，从供给者角度最关心辖区的公共产品质量和成本。因此，公共产品的受益性、级次性、地域性、信息掌握程度等因素是分级分税制的

基础依据。

另外，税源的可流动性也是中央和地方划分收支的前提。如果生产要素可以流动，并且在全国范围内广泛存在，能帮助政府履行收入公平职能，那么这种税种应该被设置为中央税；如果税源狭窄，并且流动性较弱的税，应该划分为地方税。这样划分，能有助于课税对象选择区域，进行机会主义行为。

进入新时代，中央和地方收入呈现出较为明显的中央集权倾向，收入现实情况表现出一些相对显著特征：①中央集中的公共财政收入比例偏高，地方政府对政府性基金自主权较大；②地方的支出占比较大，但削弱了地方在公共财政收入征管过程中自由裁量权衍生的宏观调控能力，中央和地方在公共财政、政府性基金、国有资本预算之间形成了较为明显的分账运行态势；③公共财政收入集权加剧了要素流动的不平衡性；④随着税收收入征管权、分配权上收中央，更多事权与支出责任相应推给上级政府，基层政府更关注经营性基金收入。

一、中央和地方收入体系构成现状

（一）地方收入体系中公共财政收入现状

2018 年国地税合并是对税收等财政收入征管工作进行的重要改革措施，本书收集了 2018 年前后的公共财政收入变化情况①（见图 3-1）。从 2018 年国地税合并前后 3 年情况看，财政收入占比一直在 52.8%~55% 变动，自国地税合并后略有上升，相应地方财政支出占比一直维持在 85%~85.7%。

---

① 在本书中，公共财政可视为一般公共预算。

第三章 地方收入体系构成现状、典型特征和主要问题 | 45

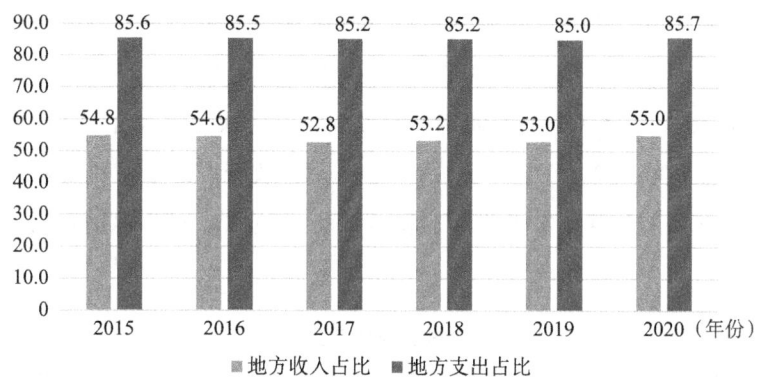

图 3-1 历年地方公共财政收支占比

数据来源：《中国财政年鉴》。

从图 3-1 分析，中央和地方政府最近 6 年的财政收入呈现出以下特征：

一是中央和地方财政收入和支出占比均保持较高的稳定性。自从中国全面完成"营改增"后，中央和地方公共财政预算收入格局基本确立，保持相对较高的稳定性，因此维持着中央和地方相对稳定的收入格局，中央和地方对公共财政收入具有相对稳定的预期。

二是地方公共财政收入绝对额快速提升。根据《中国财政年鉴》，各省市地方公共财政收入从 2015 年的 8.3 万亿元上升至 2020 年的 10.0 万亿元，绝对数额呈现稳定上升的趋势。主要原因得益于中国经济社会发展的丰富程度和经济效益的提高，充分说明经济决定财政。

三是地方公共财政收入和支出存在约 30% 的错配缺口。从图 3-1 可知，近年来地方公共财政收入占全国收入约 54%，但支出维持在 85.5% 左右，支出超过收入百分比 31.5%，这部分主要由中央通过转移支付收入、政府债务收入进行弥补，说明地方政府在公共预算内对中央依赖度较高，必须依托中央转移支付和政府债务收入履行职责。

中央集中较大比例公共财政收入有利于增强中央财政权力，可以让中央政府通过各类财政工具更好地履行其自身资源配置、收入分配和经济稳定职能，有利于增加中央财政收入，进而通过转移支付实现全社会的经济公平和社会公平。

公共财政收入中,非税收入是地方政府较为倚重的重要收入之一。以2020年为例,中国一般公共预算收入合计18.29万亿元,其中非税收入2.86万亿元,占15.6%;而同年的地方一般公共预算收入合计10.01万亿元,其中非税收入2.55万亿元,占25%,地方政府占比更高(见表3-1)。因此,占据一般公共预算1/4的非税收入,是地方政府非常重要的经常性收入来源。

表3-1　　　　　中央和地方非税收入情况　　　　　单位:亿元

年份	全国非税收入	中央非税收入	地方非税收入	地方公共财政收入	地方非税占全国非税比	地方非税占地方财政比
2011	14136	2696	11440	52433	81%	21%
2012	16639	2880	13759	61077	83%	22%
2013	18679	3559	15120	68969	81%	22%
2014	21195	4458	16737	127467	79%	13%
2015	27347	7007	20340	82983	74%	25%
2016	29244	6697	22548	87195	77%	26%
2017	28223	5426	22797	156665	81%	15%
2018	26957	5008	21949	167578	81%	13%
2019	32390	8289	24100	101077	74%	24%
2020	28602	3126	25475	100124	89%	25%

数据来源:《中国财政年鉴》。

根据2021年政府会计科目,政府的非税收入主要包括专项收入、行政事业性收费、罚没收入、其他收入。其中,"其他收入"占49%左右,专项收入约占22%,行政事业性收费约占20%,罚没收入约占9%。地方政府非税收入占比较高的主要原因是:首先,政府征税的依据是凭借政治权力征税,具有法律固定性,上下征管的一致性较高,但政府取得非税收入的依据则相对税收法律固定性更加复杂,既可以凭借政府行政权,也可以凭借政府的财产所有权,又可以凭借政府信誉征收非税收入;其次,非税收入采用"使用者付费",地方政府所提供的绝大部分是教育等公共服务内容,因此非税收入对应服务的基层性,决定了非税收入集中在地方;最后,非税收入是地方政府财力非常重要的补充，受到各级政府广泛关注，过去很长时间未纳入国家税务部门征管，因此地方征收努力程度较高，收入占比较大。

地方政府在非税收入方面具有较强的自主性，若不加约束则容易造成道德风险。长期以来，中央和各级发改委作为政府服务价格指导部门，遵循"放管服"改革要求，在全面清理规范涉企收费基础之上，建立了涉企经营服务收费等三项目录清单制度。2016年，中央政府全面实行政府收费目录清单制度，并向下级政府逐级贯彻。由中央牵头，全国打造出"中央、省、市、县"四级联动、全面公开的政府收费目录清单体系。由此，地方政府非税收入的规则制定权、征管权、使用权被削弱，"减税降费"工作逐步推进，落到实处。

（二）地方收入体系中其他收入构成现状

除一般公共预算外，其他预算科目的收入情况则呈现较为明显的地方收入占主导地位的特征（见表3-2）。

表3-2　历年政府性基金、国有资本经营预算中央地方收支比较　　单位：亿元

科目	2015年	2016年	2017年	2018年	2019年	2020年	2021年
中央政府性基金收入	4112	4178	3825	4033	4040	3562	4088
地方政府性基金收入	38218	42441	57637	71372	80476	89927	93936
基金收入地方政府占比	90.3%	91.0%	93.8%	94.7%	95.2%	96.2%	95.8%
中央政府性基金支出	3024	2890	2684	3089	3113	2715	3201
地方政府性基金支出	39340	43962	58016	77473	88252	115284	110460
基金支出地方政府占比	92.9%	93.8%	95.6%	96.2%	96.6%	97.7%	97.2%
中央国有资本经营预算收入	1613	1430	1244	1325	1636	1786	2007
地方国有资本经营预算收入	947	1172	1335	1575	2324	2992	3173
国资预算收入地方占比	37.0%	45.0%	51.8%	54.3%	58.7%	62.6%	61.3%
中央国有资本经营预算支出	1235	937	766	1025	987	874	937
地方国有资本经营预算支出	844	1234	1245	1134	1300	1670	1688
国资预算支出地方占比	40.6%	56.8%	61.9%	52.5%	56.8%	65.6%	64.3%

数据来源：《中国财政年鉴》和财政部历年"财政收支"公告。

1. 政府性基金和国有资本经营预算构成现状

首先，关于政府性基金预算。2015—2021年，地方的政府性基金收入维持在90%以上，占据政府性基金收入绝大部分，占据主导地位。地方政府性基金收入占主导地位的原因是土地出让收入归属为地方政府收入。根据《国有土地使用权出让收支管理办法》（财综〔2006〕68号），国有土地的出让收入由地方财政部门会同国土部门共同负责征收管理。实际各地执行操作过程中，多数由市级、区县级国土管理部门负责具体征收。在预决算科目上，国土部门严格按照财政部门制定下一年度土地出让收支预算，预算编排后，全部纳入政府性基金预算，经财政部门按规定程序批准（即预算的人大审批程序）后执行。因此，国有土地使用权出让收入的征管权、归属权、使用权是地方政府掌握的财权，是地方政府在一般公共预算外能够全部掌握的非常重要的财权和财力。

自2015年以来，地方政府基金收入占比逐年上升，总规模也从3.8万亿元迅速上升至2021年的9.4万亿元，增长2.5倍。其迅速增长得益于以下几个方面的原因：一是自2015年开始，中国广泛采用房地产"去库存"政策，使房地产行业在较长时间内获得社会各界支持，同构房产改造，居民部门杠杆进一步上升，房价进一步上涨，使地价随之进一步上涨，地方政府的土地出让拥有充分的经济基础。二是金融行业影子银行等非信贷业务兴起，通过信托计划、委托贷款、股权融资等多用途向房地产开发商注入信贷等各类资金，帮助房地产企业提高土地需求能力，因此政府性基金收入快速增加。三是城镇化速度加快，大量非城镇以及外地居民涌入城镇，带来较大规模的房地产需求，促使土地出让进程加快，国有土地使用权出让收入短时间内迅速增加。相应地，国土收入增加，使供应土地导致的政府性基金支出增加。根据国土相关收支管理办法，国有土地出让收入，使用范围包括征地和拆迁补偿支出、土地开发支出、城市建设支出等，因此地方政府性基金支出占比与收入占比高度一致。

其次，关于国有资本经营预算（简称"国资预算"）。国资预算是对国有资本收益作出收入和支出安排的收支预算，主要收入内容是国企利润上缴，主要支出内容是用于注入国企资本金。以 2022 年国有资本经营预算为例，收入端主要是国企利润收入、股利、股息收入，支出端主要包括国有企业资本金注入、国有企业政策性补贴、补充社保基金等。从表 3-2 可见，中国的国资经营预算收入，在 2017 年之前，中央占主要部分，2017 年之后地方占主要部分，地方占比呈逐年上升趋势，这说明地方政府开始在掌握国民经济命脉中发挥着越来越大的作用，已经逐渐壮大为调控国家宏观经济的重要力量。

最后，需要说明的是国有资本经营预算充实社保基金。虽然国有资本经营预算一直规模较小，近年来地方政府为 3000 亿元左右的预算收入规模，但国务院正要求各地将国有资本，特别是上市国有企业资本划转社保基金，用于充实社保基金资产规模①。

2. 社会保险基金预算收入构成现状

社会保险基金预算是中国通过制定社会保障各类法律和规章，由中央和地方政府设立的社会保险经办机构根据《社会保险法》等规章制度的实施计划和任务编制的、经规定程序审批后执行的年度基金财务收支计划。现阶段，中国社会保险基金预算主要包括 5 种保险：①基本养老保险；②基本医疗保险；③失业保险；④工伤保险；⑤生育保险。各项社会保险的收入来源主要包括：①参保人工作单位和参保人自己缴纳的社会保险费收入；②参保人个人和城乡居民缴纳的社会保险费收入；③社会保障基金的利息收入；④其他预算科目给予的财政补贴收入。

---

① 随着中国经济增速放缓，人口老龄化加剧，基本养老保险基金支付压力持续加大，亟须通过多渠道予以解决。2017 年，国务院印发《划转部分国有资本充实社保基金实施方案》（国发〔2017〕49 号），要求在 2017 年选择部分中央企业和部分省份开展试点，重点以中央企业作为试点。2018 年以后，再由中央完善方案，分批划转其他符合条件的中央管理企业、中央行政事业单位所办企业以及中央金融机构的国有股权，尽快完成划转工作。根据相关报道，截至 2020 年年末，符合条件的中央企业和中央金融机构划转工作全面完成，共划转 93 家中央企业和中央金融机构国有资本总额约 1.68 万亿元。

通过分析2018—2020年的央地社会保险基金收支决算数据（见表3-3），地方政府作为社会保险的主办责任单位，收支占绝大部分，例如社会保险预算收入，每年维持在8万~8.8万亿元，支出维持在6.9万~8.5万亿元。从趋势看，近年来随着中国人口老龄化进程加速，社会保险基金预算支出的地方部分越来多，呈现迅猛增长的趋势。经查，2021年社会保险基金预算支出高达8.64万亿元，存在较大支出压力。另外，社会保险基金预算严重依赖其他科目财政补贴收入，地方社会保险支出中约75%来自社会保险缴费收入，剩余25%依赖政府财政补贴，说明地方社会保险基金预算难以实现缴费和支出的收支平衡，部分基金制的社会保险基金预算十分依赖其他科目的转移性补助。社会保险已成为国民经济沉重负担。2021年全国社保基金收入9.5万亿元，剔除其他科目财政补贴2.3万亿元后，剩余7.15万亿元由中国16~64岁的8.8亿劳动年龄人口承担，人均直接承担约0.8万元/年社保基金收入，间接承担约1.08万元/年的社保基金收入。

表3-3　　　　　社会保险基金近年收支情况　　　　　单位：亿元

收支账目	2020年	2019年	2018年
中央收入	8588	6977	3003
中央支出	8577	6937	2939
财政补贴	333	320	275
地方收入	83025	88729	80820
地方支出	85045	80357	69262
财政补贴	20683	18784	17380
地方补贴依赖度	24%	23%	25%
地方收入占比	90.6%	92.7%	96.4%
地方支出占比	90.8%	92.1%	95.9%

数据来源：《中国财政年鉴》。

综合表3-3社保基金数据可见，地方政府社保基金预算收入占绝大部分（90%以上），但由于中央养老金调剂制度等原因，出现一定程度的绝对规模和相对占比波动。2018年地方社保基金收入占全国96.4%，2020

年降低至 90.6%，相应的支出比例也出现同步变化，这说明中央调剂制度正发挥调节功能，将地方社保预算收入中较大部分调剂至其他地区，导致地方政府可支配社保收入降低①。

3. 地方债务收入构成现状

债务收入是各级地方政府财政收入的赤字部分，主要包括地方政府在国内外发行债券和使用信用工具形成的政府债务，相应的收入称为地方政府债务收入。需要明确的是，中国地方政府债务收入是特殊的收入范畴：首先，债务收入不是经常性的收入项目，是控制在全国人大批准的限额之内的非经常性收入，地方政府债务收入"有借有还"，因此是使用预算资金向债权人购买资金使用权的临时性收入；其次，地方政府债务收入与私人债务收入存在巨大区别，私人债务是以个人或法人的信用能力、资产能力衍生出偿债能力而获得的收入，而地方政府债务收入是其凭借"公权力""公信力""税收强制性"获得的收入，因此二者在取得收入的本质依据上存在巨大差异；最后，地方政府债务收入受到上级政府严格管控，例如限额管控、发行管控、利率管控、用途管控等，必须纳入政府预算管理才能使用。

从 2015—2021 年地方政府债务情况可知（见表 3-4），自 2015 年《预算法》修订，放开地方政府举债权后，各地政府债务出现井喷。虽然 2015 年债务相对 2014 年有所下降，但自 2016 年开始，地方政府债务净增量逐年上升，到 2021 年，全年净新增债券 4.8 万亿元，2022 年 6 月末较

---

① 2018 年，为均衡经济发达省市和欠发达省市间企业职工基本养老保险基金负担和待遇水平，实现职工养老保险收支均衡和可持续发展，国务院发布《国务院关于建立企业职工基本养老保险基金中央调剂制度的通知》（国发〔2018〕18 号），确定从 2018 年 7 月 1 日起，各省上解职工部分养老金，具体算法为：某省份上解额 =（某省份职工平均工资×90%）×某省份在职应参保人数×上解比例 3%，2019 年上解比例提高至 3.5%；中央调剂拨付各省部分养老金，算法为：某省份拨付额 = 核定的某省份离退休人数×全国人均拨付额。以 2020 年为例，社会保险基金预算收入中，地方上缴中央的调剂基金收入为 7379.55 亿元，中央安排补贴地方调剂基金 7370.05 亿元。2022 年，从全国养老金调剂资金收入上缴情况查询，有 21 个省份上缴养老金，即 21 个省份是贡献省，分别是广东、北京、上海、江苏、浙江、山西、安徽、福建、江西、湖南、河南、广西、海南、重庆、四川、贵州、云南、西藏、陕西、宁夏、新疆。黑龙江等经济欠发达省份、老龄人口占比较大省份为受益省份。

2021年年末净新增债务4.28万亿元，甚至多次出现中央下达提前批专项债额度①，说明债务收入对地方政府稳定区域经济、支撑基础设施建设等工作十分重要，也一定程度说明地方政府依赖债务收入。

表3-4　　　　　　　　地方政府债务余额和净增情况　　　　　单位：亿元

年份	债务余额	债务净增	一般债务	专项债务
2015	147568	-6506	92619	54949
2016	153558	5989	98313	55245
2017	165100	11542	103632	61468
2018	184619	19519	110485	74134
2019	213098	28479	118671	94427
2020	256611	43513	127393	129217
2021	304700	48089	137709	166991
2022年1—6月	347503	42803	144858	202645

数据来源：《中国财政年鉴》和财政部官网。

虽然地方政府债务收入每年净增量较大，但债务收入一定程度不可持续。2020年以来，部分一般债和专项债本金到期后使用"再融资债"借新还旧予以延续，压缩了地方政府剩余举债空间。根据国务院《关于加强地方政府性债务管理的意见》（国发〔2014〕43号），发展无收益的公益性事业，确需地方政府举债的，由该地方政府发行一般债券，相应纳入本级政府一般公共预算偿还；有一定收益的社会公益性事业，由地方政府针对具体项目发行专项债券融资，对应政府性基金或项目自身的专项收入偿还。表3-4中的一般债务、专项债务本金到期后，可以再发行"再融资债券"偿还本金。2020年，中国境内的地方政府"再融资债券"开始出现。2020年和2021年全国各地政府分别发行再融资债券1.89万亿元和

---

① 2018年12月，十三届全国人大常委会第七次会议批准授权国务院在2019年及以后年度，在当年新增地方政府债务限额的60%以内，可以提前下达下一年度新增地方政府债务限额（包括一般债务限额和专项债务限额）。授权期限为2019年1月1日至2022年12月31日。自获得授权以来，国务院连续2019年、2020年、2021年分别下达了提前批额度0.81万亿元、1.00万亿元、1.77万亿元，下达额度占上年额度比重分别为60%、47%、47%。

3.12万亿元,其中2020年再融资债券发行规模占全部地方政府债券发行规模的29.4%,2021年提高至41.6%,再融资债券比例迅速上升。2021年发行的再融资债券中,专项再融资债券约1.33万亿元,占当年再融资债券的42.6%;一般再融资债券1.79万亿元,占当年再融资债券规模的57.4%[①],一般债务的再融资债券占比更高,说明各地暂时无法使用一般公共预算收入偿还存量债务,依赖借新还旧予以延续。

地方政府收入中依赖再融资债券将产生多重经济风险。一方面,发行再融资债券,可能诱发"公共池"问题。既然存量债务可以让市场继续承担,则各地方政府会忽视本金偿债责任,放松项目收益回收监督,而将工作重心放在向上级政府争取更多新增债券额度,助长个别地方政府超过自身偿债能力进行借债。另一方面,再融资债券会快速挤占债务限额空间。整理各省债务余额和限额比例发现,截至2021年年末,大部分省、自治区的债务限额使用率已经超过90%,部分省市存在调整债务限额以适应新增债务的现象(见表3-5)。

表3-5　　　　2021年年末各省、自治区、直辖市债务限额使用率

省份	债务限额使用率	省份	债务限额使用率	省份	债务限额使用率
天津	98.7%	广东	94.3%	陕西	90.7%
湖南	98.3%	吉林	93.9%	青海	90.6%
黑龙江	97.9%	甘肃	93.8%	江西	89.8%
重庆	96.7%	内蒙古	93.7%	宁夏	89.5%
浙江	96.6%	四川	93.5%	福建	89.4%
贵州	96.0%	新疆	92.5%	云南	89.3%
湖北	95.2%	海南	92.3%	河北	89.1%
山西	95.1%	安徽	92.3%	河南	86.9%
山东	94.6%	江苏	91.1%	北京	77.8%
广西	94.5%	辽宁	91.0%	上海	69.4%

注:数据来源于Wind金融终端。限额使用率是各省债务余额占获批限额比率。以上样本中,因西藏调整年末债务预算方案,因此予以剔除。

---

① 数据来源:Wind金融终端地方政府债券清单整理后计算。

2019年，国务院对中央和地方收入划分改革做出要求。根据《实施更大规模减税降费后调整中央与地方收入划分改革推进方案》（国发〔2019〕21号）要求，未来很长一段时间内，央地财力格局将保持总体稳定，增值税维持"五五分享"，并建立更均衡合理的收入划分和事权分担机制，稳步推进健全地方税体系改革，例如后移消费税征收环节并稳步下划地方。可见，未来一定时期将通过对现有税制进行局部调整以增强地方政府财力，应对当前经济下行压力。

总结央地财政收入分成情况，可概括为"中央主导、央地分权、适当弥补"的收入格局。首先，中央政府在收入分成上掌握充分的规则制定权，对地方政府收入体系，从过往的从上对下"激励关系"，已经转变为从上至下的"管制关系"，特别是中央设计税制，从权力主体出发掌握了充分的制度制定权；其次，在中央和地方收入权方面，为了经济效率，中央政府适度向下分权，例如主体税种设定为共享税；最后，分税分成后，地方政府履行各项事权，存在较大的财力缺口，大多数是通过一般转移支付、专项转移支付进行弥补。

这种结合集权和分权型的财政体制，存在以下几点优势：一是中央能让地方政府充分行使上级意图，避免各项政策在向下推行过程中出现偏误或懈怠；二是给予地方政府在政府性基金、地方税、共享税地方分成部门、非税收入和社保基金等事务上充分的收入权，充分激励地方政府积极性；三是中央主导征管权，使各级政府收入信息透明化，有利于中央通过财政收支信息掌握各级地方政府实际运作情况，适时调整纵向政府治理体系。

二、地方收入体系的典型特征

针对本章前述的中央和地方各项收入分成情况，从中不难发现中国现行地方收入体系呈现一些鲜明的特征，主要表现在以下几个方面。

（一）地方政府资源经营性收入占地方收入体系绝大部分

根据财政收支数据，虽然公共财政收入中，地方占全国比重仅55%左右，但政府性基金收入高达9万亿元，占比超过全国政府性基金收入90%以上（见表3-2），极大地弥补了地方政府收入缺口，帮助地方政府有效履行各项经济事务和相应的基础设施建设事权。但需要注意，政府性基金收入作为地方政府通过土地参与的国民经济分配，其不稳定性较大。2020年新冠肺炎疫情期间，由于社会经济活动减弱，土地招拍挂活动减少，政府性基金部分季度收入出现较大幅度下滑。另外，政府性基金收入较大幅度依赖土地市场竞拍热度和房地产市场繁荣，虽然政府供给土地且土地具有较强稀缺性，但房地产企业和居民部门作为土地需求方也会影响土地出让收入，减少地方政府性基金收入。以2022年为例，财政部数据显示，全国政府性基金预算收入77879亿元，同比下降20.6%，其中地方政府性基金预算本级收入73755亿元，比2021年下降21.6%。2022年地方政府国有土地使用权出让收入66854亿元，比上年下降23.3%，2023年第一季度降幅更高达27%。综合来看，土地资源经营性收入占地方收入总规模比例大，自2022年以来，已开始出现颓势。

（二）地方政府高度依赖非税收入弥补公共财政不足

2020年公共财政预算中地方非税收入占全国非税收入的89%，占地方政府公共财政收入的25%（见表3-1），并且非税收入的"其他收入"占据主要部分。收入数据充分说明地方政府公共财政预算存在较大缺口，急需通过其他非税收入进行弥补。而其他非税收入作为地方政府自主裁量权较大的收入科目，容易发生乱收费等现象，诱发居民部门抵触情绪，造成干群矛盾，因此，地方依赖非税收入弥补公共财政收入缺口不可持续。

(三) 地方公共财政收支存在较大缺口

地方公共财政支出占全国比重，与其收入占全国比重存在30%以上的缺口（见图3-1），即地方政府公共财政支出以及履行各项财政事权，很大程度依赖上级政府转移支付。这是因为单一制政体下，中央政府作为全国各级政府最高领导，需要履行全国性事权，包括保障国家安全、维护全国统一市场、体现社会公平正义、推动区域协调发展等方面，这些事权耗资巨大，又不属于地方事权，大部分支出责任归属中央政府，因此必然造成地方政府公共财政收支缺口增大。

(四) 地方政府民生事权的执行任务偏重

自2017年中央和地方分别编制社会保险基金预算以来，预算收支数据说明省以下地方政府承担了绝大部分社会保障工作，例如基本养老、基本医疗、基本住房等各项民生性保障工作，使地方政府承担较重的民生事权。虽然在2020年社会保险基金预算地方占比稍微下降（见表3-3），但下降原因是制度变更：中央要求各地执行企业职工基本养老保险调剂制度，逐年上调上缴中央比例导致地方收支占比下降。以2022年为例，企业职工基本养老金全国统筹调剂资金约2440亿元，占地方社会保险基金收入的2.24%，通过实施调剂，中西部地区和东北等老工业基地省份受益2440亿元。

(五) 上下级事权划分出现"收权放责"典型特征

从事权与支出责任变革历程情况分析，中央的独立事权非常明确，主要涉及中国主权和对外交往，其他需要宏观把控的事权则以共同事权方式下放；而共同事权方面，省、市的共同事权划分内容描述上相对宏观，侧重于重大传染病防治、自然资源使用和保护、环境保护、统一市场建设、保持经济社会稳定、促进经济协调发展、推进基本公共服务均等化等内容;面向居民部门、企业部门微观个体的区域性财政事权,省、市大多通过共同事权或设定为区级独立事权方式下放至区级、县级政府负责具体执行,中央、省、市三级政府侧重"制定""统筹""监督",下放至区县级政府让其负责具体"落实""管理""执行"(见表3-6),从而导致上下级事权划分出现"收权放责"现象。另外,中央、省、市、县事权划分后,相应支出责任,如果没有中央在顶层做出设计,地方政府通常不在省以下支出责任上做进一步的明确划分。

表3-6　　　　　　　省、市、区三级教育事权职能划分

省级教育厅	市级教育局	区县级教育局
·制定全省教育发展规划、政策以及法规草案	·落实省级教育政策,制定本行政区域内的教育发展规划	·落实市级教育政策,组织实施本区域内的教育计划
·统筹管理全省的教育资源,包括师资、教材、基础设施等	·管理本行政区域内的普通中小学、幼儿园、成人教育等	·负责本区域内的教育资源配置和监管
·监督和指导下级教育行政部门的工作	·负责教育资源的配置和监管	·负责本区域内的学校管理,包括学校设立、撤销、变更等
·负责全省重点高等院校、中等职业学校的管理工作	·对本行政区域内的教育工作进行督导评估	·对本行政区域内的教育工作进行督导评估

资料来源:根据各省、市、区级教育部门公开职能归纳整理。

三、地方收入体系存在的主要问题

财政是国家治理的基础和重要支柱。2016年以来,随"营改增"全面落地,目前地方政府和基层政府没有稳定可靠收入的主力税种,用于履行各项政府事权。在中央要求全面减税降费、降杠杆的压力下,地方财政收支缺口正迅速扩大。随着财权进一步向中央集中,地方财政压力可能变成风险甚至财政危机,经济发展和社会稳定将面临潜在风险。

以此为背景，本书重点探讨和研究如何完善我国地方税种、如何构造稳定可靠的地方收入体系，为新一轮财政体制改革提供较为可行的方案。目前中国地方收入体系主要存在以下几个方面的问题与缺漏。

（一）中央与省、省以下税种划分不够合理

1994年分税制改革后，税制体系经历多轮调整，中央政府凭借税收立法权，将税源相对集中稳定、征管相对便利、收入相对充足、增收潜力较大的税种，列为中央税或中央与地方共享税；分税制设计中，留给地方政府的税种多是税源分散、征管难度大、征收成本高、收入波动大、土地依赖性强的税种。因此，一旦经济出现波动，地方政府则难以通过地方税有效组织财政收入并调节经济，客观上刺激和推动着地方政府及其所属部门通过各种债务方式筹集资金，满足地方政府的财政支出需要。除此之外，税收立法权高度集中在中央政府，省以下政府没有税收立法权和自由裁量权，致使地方在税收体系方面缺乏应有的自主性和灵活性，不利于地方因地制宜处理当地的民生、基建、行政等各项工作。如图3-1所示，地方财政收入占全国财政收入比重在55%左右，而支出占比在85%左右，相差约30%；并且缺口呈逐年扩大趋势（见图3-2）。

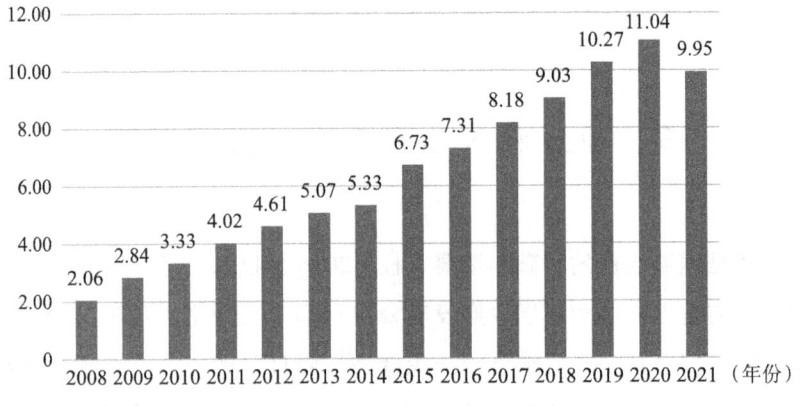

图3-2 地方政府一般公共预算赤字规模（万亿元）

数据来源：国泰安数据库。

省以下财政体制仍不完善,税收收入难以下沉支撑省以下政府履行事权。虽然1994年分税制和2018年及以后的事权与支出责任改革对央地的事权与支出责任进行了明确划分,但省以下的财政体制、事权与支出责任,沿袭了上级政府负责制,多数财力、关键事权上升到省级政府,下级政府财力缺口大,难以有效履行各项基本公共服务。例如,教育事权在省以下不平衡:市本级财政、市辖区财政共同供养市区的义务教育、高中教育体系,而县级教育只能由县级财政独立承担,导致好的教育资源集中在市辖区内,市区居民可以享受市本级、市辖区财政供给的双重公共服务,而县乡居民只能享受县级财政独立承担的公共服务,服务质量差、服务效率低是非常突出的问题。以《中国财政年鉴》数据为例,2017年全国一般公共预算收入超10亿元的县(市)仅580个,占全部县级区划比例约31%,这580个县一般公共预算收入合计1.48万亿元,仅占当年全国一般公共预算收入的8.6%。

(二)税制较为陈旧,难以适应地方经济社会发展要求

1994年地方收入体系进行税制改革时提出了一些关于地方税改革的设想,例如各级政府彻底的分级分税制,地方政府既能够获得更多的财政收入,并有更多自主权支配这些收入,从而促进地方经济的发展,同时中央政府也能更好掌控国家的财政收入和支出,以实现宏观经济调控的目标。但其中一些措施时至2022年6月末,仍未能出台,特别是作为税制母法的《税收基本法》仍未出台。税制改革大多基于既定法律和中央方针就决策、征管、分成、使用、监督等操作细节进行改进,例如房地产税扩大试点城市、城市维护建设税改革、消费税改革下划地方等。从地方税的法律地位来看,现行的各种地方税都是根据国务院(包括20世纪50年代政务院)发布的暂行条例征收的,这与《立法法》关于税收的基本制度只能制定法律规定差距甚远。从地方税的税制设计来看,存在税种老化、设置重复、性质相近、交叉征收、内外不统一、城乡不统一、主体税种不牢靠、税源零散、收入微薄等问题,很难支持地方财政促进经济发展。

另外，税制仍然以间接税为主，遵循效率原则，推进以直接税为主体的税制公平化试点工作仍未提速。增值税的税率细化、税基优化工作难以推动，大中型企业面临税负较重，受疫情冲击中小型企业和个体工商户的税源迅速减少，较为陈旧的税制体系已不适应地方经济社会发展要求。

（三）收入结构不合理，企业负担较重

就地方本级税收收入占国内生产总值、全国税收收入、全国财政收入、地方本级财政收入、地方全部财政收入的比重而言，中国的比重与外国相比已经不低。2021年，四本预算全口径财政收入36.74万亿元①，占GDP份额约32%，高于部分发达国家，其中税收收入占GDP比重仅为15.1%；但是，收入支出占比中，地方作为基层公共服务的最终保障单位，占比偏低。一般公共预算中，地方收入占54.8%，支出占85.8%，也就是说，地方支出的56.6%（一半以上）要依赖中央对下转移支付予以弥补（见表3-7）。其他三大预算科目的地方收支占比基本一致，说明不匹配问题主要体现在一般公共预算科目。

表3-7　　　　　　　　2021年复式预算收支情况　　　　　　　单位：亿元

科目	总收入	中央收入	地方收入	地方收入占比
一般公共预算	202538.88	91461.80	111077.08	54.8%
政府性基金预算	98023.71	4087.71	93936.00	95.8%
国有资本经营预算	5179.55	2006.92	3172.63	61.3%
社会保险预算	94734.74	1446.44	93288.30	98.5%
科目	总支出	中央支出	地方支出	地方支出占比
一般公共预算	246321.50	117265.90	211271.54	85.8%
政府性基金预算	113661.01	4003.31	110459.99	97.2%
国有资本经营预算	2624.78	1077.80	1687.79	64.3%
社会保险预算	87876.29	1429.70	86446.59	98.4%

数据来源：《关于2021年中央和地方预算执行情况与2022年中央和地方预算草案的报告》。因科目统筹调动、结转结余和口径原因，央地支出总数不等于总支出。

---

① 社会保险预算仅以保费收入为计算口径，不包含其他预算调入社保金额。

从预算具体科目分析,地方政府的税收收入和地方本级财政收入主要来自央地共享税。从地方税收入的结构来看,来自土地和房产交易环节的税收比重过大,以 2022 年为例,契税、土地增值税、房产税、耕地占用税、城镇土地使用税综合就超过了地方一般公共预算收入的 17.7%%。如果扩大房地产企业、房地产上下游企业,例如建筑行业、家具行业、玻璃行业的增值税等各类税收,占比将更高。值得关注的是,地方税收收入中,房地产保有环节的税收和房地产以外的税收比重偏小,例如 2022 年各地房地产税收入仅占地方政府一般公共预算收入的 3.3%。

我国地方政府收入中,2022 年个人所得税收入仅占地方一般公共预算收入的 5.5%,剩余 94.5% 为企业等市场经营主体缴纳,这与西方国家个人所得税占比高达 40% 以上的结构规律相反,无疑将导致企业沉重的税收负担和转嫁动力。

(四)收入体系定位模糊,使地方政府收入固定性较弱

基于单一型国家结构形式,我国"地方收入体系"的界定相对模糊。我国政治权力是自上而下的授权体系,包括地方收入权在内的权力体系全部来源于上级政府,最终来源于中央政府,因此地方收入体系的具体内容界定模糊,即收入的立法权、征管权、所有权、使用权、监督权无法明确到地方政府,尤其是基层政府。按西方经济学理论,税收收入应是地方收入体系的主要组成部分,地方议会等代议机构有权在联邦税制基础和学术界理论基础上制定地方税法,征收地方税。而单一制限制了我国地方政府税收的立法权,地方税体系缺乏基本法律依据。除此之外,国地税合并更合并了地方政府税收收入的征管权,税务部门正上收其他非税收入、社保收入、土地使用权出让收入的征管权。

再看收入的所有权和使用权,由于征管权上收,地方政府的收入也是从上至下分配,优先满足上级政府制定的战略目标。虽然分税制规定地方有分成部分和专享税的所有权,但征管权上收,一方面使地方政府变成政

府收入体系的跟随者，另一方面失去税收优惠等经济刺激措施的自由裁量权。所有地方收入，来源于上级政府经政府会计处理（收支两条线）后的二次分配。由此地方政府对自身收入体系的使用权、监督权也受到严重限制。例如，我国地方政府一般公共预算收入占比在1978年高达84.5%，但在1994年分税制改革前后降低至44.3%，近年来维持在55%左右，随中央税制改革举措变动的变化幅度偏大（见图3-3）。

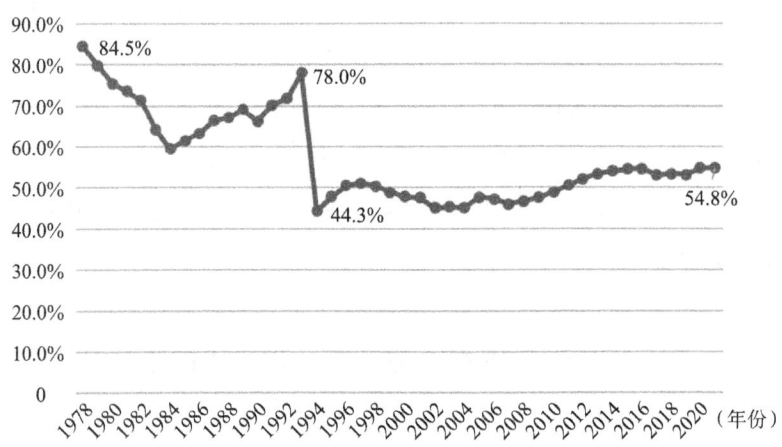

图3-3　1978—2020年地方一般公共预算收入占比

资料来源：国泰安数据库。

党的十九大以来，有关部门已有"完善地方税体系"方面的政策考虑。但是，由于房地产税一直艰难推进，经济环境使房地产税很难推出，也很难在短期内将其打造成可替代原营业税的地方主体税种。2022年3月，下行的经济形势和地产市场风险迫使财政部决定，年内不具备扩大房地产税改革试点城市的条件，因此扩大房地产税试点的关键细节未能出台，地方收入不确定性进一步增强。放眼现行税制体系，一个必须承认的现实是，能够直接分配给地方，成为地方税的税种其实是极少的。因此，仅从地方税的角度谈健全地方收入体系，短期内并无出路，且沿着这个路径思考问题只会越走越窄，很难解决当下新出现的地方财政困难问题。

第四章　地方政府财政事权、支出责任与相互关系

地方收入体系，是服务于地方政府履行事权及其支出责任的财力保障，因此地方政府承担的财政事权和支出责任，即政府间职能框架和支出责任的配置格局，决定了地方政府收入体系基础框架。政府事权是指地方政府所拥有或承担的管理社会公共事务、供给公共服务和产品的权利和义务；政府财力是指各级政府在一定时期内实际支配的，货币形式存在的各类社会资源，包括政府自有财力和转移性财政收入；政府财权是指政府为了履行其事权，支配和管理财政收入的权力，例如收入规则的立法权、征管的行政权等。根据财政收入的形式不同，财权可以分为税权、费权、债权和产权等，更进一步可以将税权分割为税收立法权、税收行政权和税收司法权。

根据国务院《关于推进中央与地方财政事权和支出责任划分改革的指导意见》（国发〔2016〕49号）定义，我国各级政府的各项事权中，财政事权是某级地方政府应承担的运用财政资金提供基本公共服务的任务和职责，支出责任是政府履行财政事权的支出义务和保障。1994年分税制改革方案中，率先提出将中央和地方事权进行划分，初步构建起中国特色政治、经济、社会背景下的中央与地方财政事权和支出责任划分初步框架，为中国建立现代财政制度奠定了良好基础。但1994年以后，随着国营企业现代化改革、商品房制度改革、中国加入WTO等重大利好事件陆续发生，财政事权和支出责任的划分与相互适应问题被中国经济高速发展以及房地产快速繁荣带来的充裕财力所掩盖。虽然财力充裕，但财政体制改革一直

在不断完善优化，中国财政领域的事权划分改革大致可以分为三个阶段："事权与财权相结合""财力与事权相匹配""财政事权与支出责任相适应"（刘尚希等，2022）。

一、基本概念的界定

（一）事权的概念和构成

政府事权，简单来说即政府职责，是政府作为政权组织机构行使法定的具体职能，是政府在社会和经济生活中应承担的职责和责任范围。其中，政府作为公共机构所应承担的公共产品和服务供给责任处于政府事权核心地位，例如，维护国家安全和社会稳定、管理和调节经济、提供公共服务和社会保障、供给教育和医疗卫生等。

按流程进行拆分地方政府事权，可解构为决策事权、财政事权、监管事权和生产事权。

（1）决策事权是地方政府在提供公共产品和服务过程中，所拥有的对公共产品和服务的最终决策权，例如，地方政府决定提供哪些公共产品和服务、提供多少公共产品和服务以及按照何种标准提供公共产品和服务等基本要素。通常来说，在联邦制国家，公共服务均等化是联邦政府的唯一目标，仅按地方政府公共服务均等化能力提供相应转移支付；在单一制国家，决策事权通常由中央政府或省级政府掌握，地方政府按上级政府决策结果执行公共产品和服务供给职责。

（2）财政事权是指地方政府承担某项公共产品和服务的供给职责后，提供所需财政资金的义务和责任，包括资金的筹集义务和资金的使用责任。也就是说，财政事权更多侧重于地方政府履行既定事权背景下所应供给财政资金的义务和保障。

（3）监管事权是指在地方政府决定提供某项公共产品和服务，或者上级政府指定地方政府履行指定事权之后，某级政府承担对履行事权全过程进行监督和管理的职责。

（4）生产事权是指地方政府或行政事业单位承担具体的公共产品和服务生产职责。值得注意的是，地方政府承担公共服务和产品的生产事权，并不意味着一定要政府及下属机构生产，可以由企业或个人生产，地方政府采购后供给居民。

拆解政府事权后可以发现，财政事权直接关系到哪一级政府承担公共产品和服务的保障资金义务职责，所以财政事权处于核心地位。

通常情况下，联邦制国家在宪政革命后，会在宪法中明确联邦政府与州、地方政府之间的各项事权划分，例如，在宪法中列举联邦政府事权，然后其他的剩余事权由州及地方政府自主决策，而且联邦政府仅承担有限的决策和监督事权；也有国家在宪法中以枚举方式，列明联邦政府事权以及联邦和州政府的共同事权，剩余其他事权则全部由地方政府保留所有事权的各组成部分。但与联邦制国家不同，单一制国家为了确保中央政府权威、决策权力和地方政府遵从度，不会在宪法中对中央和地方政府间事权做出明确且固定的划分方案。单一制国家政府间事权的划分，往往建立在"地方政府是中央政府权力派出机构"这一基础理念之上。

通过表4-1可以发现，不同维度的事权，既可以全部划归特定某一级政府来承担，也可以分别划归不同级次的政府来承担。如果某级政府承担了某项公共产品和服务所有维度的事权，就会形成该级政府的"专有事权"，例如表中的国防、外交、国际贸易等。另外，有相当一部分公共产品和服务的提供，是由联邦政府、州和地方政府来共同承担的，从而形成多级政府的"共同事权"，例如，教育、环保等具有较大外部性的公共产品和服务。

从表4-1可见，在政府事权划分完毕后，决策事权比较容易与处于核心地位的财政事权分离开来。例如，许多联邦政府对公共产品和服务规定了相应的标准，有的规定了"最低标准"，所有地方政府即使在无充足财

表 4-1　　　　　　　　　　　西方国家事权划分通行方案

事权内容	事权划分的政府层级	
	决策事权、监管事权	财政事权、生产事权
国防	联邦	联邦
外交	联邦	联邦
国际贸易	联邦	联邦
货币政策、金融监管	联邦	联邦
跨省或州的贸易事务	联邦	联邦
对居民个人的转移支出	联邦	联邦
商业补助	联邦	联邦
移民	联邦	联邦
失业保险	联邦	联邦
航空和铁路	联邦	联邦
财政政策	联邦和州	联邦、州、地方
市场监管	联邦	联邦、州、地方
自然资源	联邦	联邦、州、地方
环境保护	联邦、州、地方	州、地方
农业	联邦、州、地方	州、地方
教育	联邦、州、地方	州、地方
社会福利	联邦、州、地方	州、地方
警察治安	州、地方	州、地方
供水、排污和垃圾处理	地方	地方
消防	地方	地方
公园和娱乐	联邦、州、地方	联邦、州、地方

资料来源：McLure C, Martinez – Vazquez J. The assignment of revenues and expenditures in intergovernmental fiscal relations [J]. core course on Intergovernmental Relations and Local Financial Management, World Bank Institute, Washington, DC: World Bank, 2000.

力基础上，都必须达到"最低标准"；有些事权，允许有条件的地方政府可以高于联邦水平，例如教育等。在社会实践中，共同事权可以采用两种供给形式：不同级次的政府分别承担某项公共产品和服务的提供；某项公共产品和服务不同维度的事权由不同级次的政府分别承担，例如，单一制国家最为常见的中央政府承担决策事权，地方政府承担财政事权、监管事权和生产事权。

除了专有事权和共同事权，在各国实践中还存在"委托事权"，上级政府将原本属于本级政府承担的事权，因管理和生产效率等方面原因，委托给下级政府来承担，例如，我国中央政府将三峡水库移民安置工作交给各省政府承担，中央政府相应给予安置三峡原住民的共同事权转移支付。

（二）财权与财力的概念和构成

1. 财权的概念和构成

根据前文定义，财权是指某级政府为了履行其事权，支配和管理财政收入的权力。具体分析，政府财权包括筹集财政收入、分配财政支出、管理财政资产等方面的权利。

（1）政府财权的来源。地方政府财权来源于以下几个方面：①宪法和法律赋予的权力。宪法和法律（财政基本法）是地方政府财权的根本保障。宪法明确规定地方政府享有财政管理权，财政基本法则对地方政府财权的具体内容进行详细规定。②国家财政体制的分配政策。财政体制政策将全国的财政收入分为中央和地方两个层次，分别由中央政府和地方政府管理，地方政府部分则由上级政府与下级政府共同设定财政体制的规则和方案，进一步往下划分地方财权。地方政府财权的具体内容和范围取决于国家财政体制的顶层政策安排。③地方政府自身的财政能力。地方政府的财政能力主要取决于地方经济发展水平、财政资源和财政管理能力等因素。地方政府经济发展水平或资源水平越高，则财政能力越强，财权越大。

（2）政府财权的内容。地方政府财权主要包括以下几个方面的内容：①筹集财政收入的权力。筹集权力是指地方政府有权在法定范围内筹集财政收入，包括税收、非税收入、财产性收入等。税收是地方政府财政收入的主要来源,地方政府可以依据相关法律征收地方税,例如地方所得税、土地使用税、城市维护建设税等。②分配财政支出的权力。地方政府有权依法分配财政支出,主要包括基本建设支出、公共服务支出、社会保障支出等。具体来说,地方政府掌握分配支出的权力后,应当优化财政支出结构,提高财政支出效益,促进地方经济社会发展。③管理财政资产的权力。地方政府有权管理地方财政资产,包括国有土地、国有企业、国有资产等。中国坚持以公有制为主的基本经济制度,地方政府应加强国有资产监管,防止国有资产流失,提高国有资产运营效益。④制定财政政策的权力。地方政府有权制定地方财政政策,包括税收优惠政策、支持产业发展的财政扶持政策、优化财政支出结构的政策等。根据中央要求,地方政府应根据国家宏观调控目标和地方实际情况,制定适当的财政政策。⑤监督财政管理的权力。地方政府有权监督本级和下级财政管理,确保财政收支合规、预算执行合理、财政资金安全。作为中央政府在地方的派出机构,地方政府应加强财政审计,增加财政透明度,提高财政管理水平。

(3)政府财权的作用。政府财权在地方经济社会发展中发挥以下几个方面的作用:

一是保障地方公共服务供给。地方政府财权能够为地方公共服务提供必要的财政保障,包括教育、卫生、社会保障等方面。通过合理分配财政支出,地方政府可以优化公共服务供给,提高民生福祉。

二是促进地方经济发展。地方政府财权可以为地方产业发展提供资金支持,通过制定优惠政策和财政扶持政策,鼓励企业投资创新,促进地方经济结构调整和产业升级。

三是维护地方财政稳定。稳定和明确的地方政府财权有助于维护地方财政稳定,通过合理安排财政收支,预防和化解地方财政风险,为地方经济社会稳定发展创造良好环境。

四是实现区域协调发展。地方政府财权可以为地方政府提供调控手段,推动区域内资源配置和产业发展协调,减少地区间发展差距,促进全国经济平衡发展。

2. 财力的概念和构成

根据定义，政府财力是指各级政府在一定时期内实际支配的，货币形式存在的各类社会资源，包括政府自有财力和转移性财政收入，这些资源主要包括税收收入、非税收入、国债收入、地方债收入、政府性基金收入等。地方政府财力一头由地方经济社会发展的规模和结构决定，另一头关系到地方民生改善的程度。

地方政府财力的主要构成如下：

（1）税收收入。税收收入是地方政府财力的主要来源，包括地方税收和中央给地方政府的共享税收地方分成部分。大多数国家的地方税收收入主要有企业所得税、个人所得税、增值税、营业税、房产税等。

（2）非税收入。非税收入包括行政事业性收费、国有资本经营收入、国有资源有偿使用收入等。这些收入来源具有较大多样性，可以为地方政府提供一定的财政支持。

（3）债务收入。地方政府可以通过发行地方债券、中央政府代发债券等方式筹集债务收入，用于基础设施建设、民生改善等方面。债务收入可以在一定程度上缓解地方政府财力压力。但在单一制国家，由于地方政府是中央政府的派出机构，需要注意控制债务风险。

（4）财产性收入。财产性收入是指地方政府通过卖出其具有所有权的财产取得的收入，其中，我国的土地使用权出让收入是地方政府财产收入的主要来源。根据土地使用权出让规则，地方政府通过公开招标、拍卖等方式将土地使用权出让给企业或个人时，会收取一定的土地出让金。土地出让金的数额通常是按照土地面积、用途、所处位置等因素来确定，这类收入可以用于地方政府的基础设施建设、社会事业发展等方面。

（5）转移支付收入。地方政府的转移支付收入是指上级政府向该地方政府提供的一种单向的、无偿性财政支出，主要用于弥补地方政府财力缺口，支持地方政府的公共服务和基础设施建设。这种收入通常是以财力补贴、专项补贴、奖励或其他形式的转移支付方式提供，旨在促进地方政府的发展和改善地方民生。地方政府的转移支付收入通常用于资助教育、医疗、社会保障、基础设施、环保和扶贫等领域,是地方政府财政收入的重要来源之一。此外,转移支付收入还可以促进地方政府的经济发展和社会稳定,缩小不同地区间的发展差距。

(三) 支出责任的概念和划分

根据官方定义,支出责任是地方政府履行财政事权的支出义务和保障。从其定义可以看出,支出责任的划分,是以地方政府和各级政府事权的划分作为前提依据的。也就是说,某一级政府,承担哪些事权,相应地承担多大的支出责任(见图 4-1)。

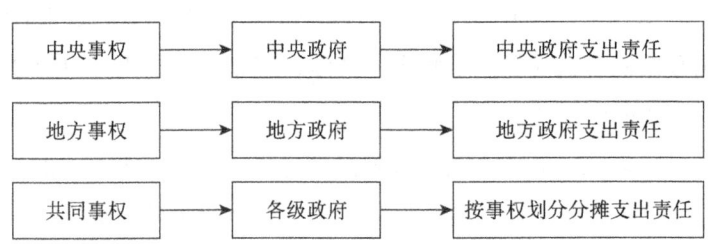

图 4-1 支出责任划分原则

各国划分地方政府支出责任的通行方案大致如下:

1. 地方政府的行政职责

地方政府的行政职责和权力范围不同,其承担的财政支出责任也会有所不同。例如,一些国家的地方政府主要负责提供基础设施建设和公共服务,而另一些国家的地方政府则更加注重社会保障和福利支出。

2. 地方财政收入和支出的平衡

地方政府的财政支出责任通常与其财政收入能力相匹配,或者以历届财政收入作为基数,确保来年财政收入和支出的平衡。一些国家会通过调整税收制度和转移支付机制来实现收支平衡目标。

3. 地方政府和中央政府的财政关系

地方政府的财政支出责任也会受到中央政府的影响。一些国家的中央政府会通过转移支付等方式来支持地方政府的财政支出，确保公共服务和社会保障得到充分提供。

4. 公共需要和公共利益

地方政府的财政支出责任通常根据公共需求和公共利益来划分。例如，某些国家的地方政府会更加注重教育和医疗等公共服务的提供和均等化，以满足居民的基本需求。

二、中央与地方、地方上下级政府间的关系分析

由于收入体系是中央与地方、地方上下级政府间的核心关系之一，因此中央与地方、地方上下级之间关系的基本框架决定了地方收入体系的基本模式。

从秦朝统一中国开始，中国虽然存在着以皇帝为代表的强势中央政权，中央与地方的政治权力关系主要体现为皇帝与诸侯王共治国家，后续演化到皇帝任命省以下各级地方官的政治格局。但封建时代，中央与地方的关系并非协调和管理社会公共事务的事权下放关系，而是以皇帝宗亲、科举制度为基础。对于皇帝及中央政权而言，各诸侯国或地方官，都是具有较大权力的政治实体。那时，中央与地方关系仅具有名义上的隶属意义，而非社会治理和公共服务的实质意义。随着春秋战国时期郡县制的产生，秦国将郡县制推广至全国，确立了我国以皇帝为单一制核心主体的国家结构基本框架。各个郡县是皇帝和中央政权统一掌握和管理的行政区域，其辖区范围由皇帝和中央政权确定，官吏由皇帝通过科举制度选拔、

任免。相应地，政治权力的层次结构，是中央与地方财政关系乃至收入关系的基础结构。

（一）中央与地方政府间关系分析

从狭义概念角度，国内社会与学术界已习惯把中央与地方关系等同于中央政府与地方政府之间的关系，即国家行政机关之间的关系。从权力视角看，中央与地方的权力关系实际上包含政治权力关系和行政权力关系，而且"中央"与"地方"也包括中央与地方政府直属行政机关，例如财政、海关、税务等行政机关。超越中央和地方行政关系之外，还有中央与地方围绕行政工作衍生出的其他权力体系：一方面，地方选民在地方政治活动中所享有的各项民主权利，包括对地方行政长官的选举权、被选举权以及选择、监督、罢免地方官员的权力；另一方面，地方人民代表大会及其常委会依据国家的宪法和法律，自主管理地方事务的权力。在以上两项权力清晰划分后，才是地方政府在宪法和法律的范围内，在人民和人大的民主监督下，享有的自主处理地方行政事务的权力。

从内容特征上分析，中央与地方政府关系可以从多元化视角进行分析。首先，中央与地方关系，从内容上看，是一定的上下级政治关系。其次，从特征上看，中央与地方关系的本质是由权力发源后向下级次间利益的分配关系。政治关系和利益关系是中央与地方关系在不同层面上的具体体现，政治关系是利益关系的内在基础，利益关系是政治关系的外在体现。基于上述分析，可以认为我国的中央与地方关系，或者说中央与地方政府间关系，是以固定形式利益关系为外在表现的政治关系，表面上直接体现为相互之间外在的权力关系，实际上反映了中央与地方政府间的利益关系，利益关系的核心是中央与地方政府间围绕财政收入的分配关系。

作为中央与地方最重要的关系之一，财政关系是中国政治体系、利益关系最直观的外在表现。一是财政收入资金的划分，直接体现了中央和地方政府收入的资金分配格局；二是中央和地方间财力的划分，即获取、使用财政资金的权力，也就是说一级政府本级财政收入并不等于实际可支配的收入；三是财权的划分，财权更深层次地反映了权力在中央和地方政府之间的分配。

（二）地方上下级政府间关系分析

在中央与省级地方理清关系后，接下来是省、市、县、乡镇四级地方上下级政府间关系。中国的地方政府上下级关系是中国特色社会主义政治、经济、社会制度的核心组成部分，是与人民群众直接联系、关系最为密切的政府间关系。在中国现今的政治体系中，地方上下级政府之间的关系紧密相连，牵涉国家整体的全局性和战略性问题，影响着社会各个方面的发展。

1. 地方政府上下级关系的特点

地方上下级政府间的关系具有与中央、省级政府间关系完全不同的特点。

（1）地方上下级政府间关系具有属地性。省以下地方政府（市、县、乡镇）作为属地政府，直接与人民群众和企事业单位面对面接触，其权力和责任范围主要涉及地方经济、社会和文化建设等方面，同时也承担着中央政府委派的一些职责。省以下各级地方政府作为地方政府，其政策制定和执行与中央、省级政府不同，受到属地特点、历史文化、经济发展水平等因素的影响，因此具有较高的灵活性和差异性。

（2）地方上下级政府间关系具有紧密性。省以下地方政府与上一级政府之间的关系，较中央和省级政府间关系更加紧密。上级政府在制定政策和规划过程中，必须考虑到下级政府的实际情况和需求，以判定上级决策是否在下级政府得到贯彻执行；同时下级政府也需要根据上级政府的政策和规划开展工作。地方上下级政府间通过动态互动，达成相互间密切合作，有利于确保国家政治和经济的稳定发展。

(3) 地方上下级政府各自具备独立性。省以下各级地方政府在政治、经济和文化等方面具有更高的独立性。地方政府有权制定和执行本地区的政策和计划，有责任维护地方利益和发展。同时，地方政府也需要遵守国家的法律和中央、省级政府制定的政策，确保地方政策和国家政策的协调和一致。

(4) 地方上下级政府间存在利益关系。日常运转过程产生的利益关系是地方上下级政府间关系的重要组成部分。地方的上级政府需要通过下级政府实现国家政策和规划的实施，而下级政府也需要从上级政府获得资源和支持，以推动地方经济和社会的发展。地方政府和上级政府之间的利益关系，既有合作和共赢的一面，也有矛盾和冲突的一面。

2. 地方上下级政府间关系的问题表现

由于我国地方上下级政府存在以上特征，上下级政府间存在着和中央与省级政府间完全不同的问题。

(1) 地方上下级政府间普遍存在地方保护主义。由于省以下地方政府存在属地和各自的利益，因此存在一些地方保护主义现象。一些地方政府为了保护本地经济和企业，采取了一些不当的手段，例如，对外地企业实施不公平待遇、扭曲市场竞争等。地方保护主义行为不仅损害了企业和消费者的利益，也影响了国家的统一市场和公平竞争环境。

(2) 地方政府的过度控制问题。在省以下地方政府中，出于各级政府具有独立性和利益关系，容易出现下级政府抵制而上级政府过度控制的现象。上级政府在某些政策制定和执行过程中，出于自身利益角度颁布政策，没有充分考虑到下级政府的实际情况和需求，导致下级政府难以有效开展工作。此外，一些下级政府担心上级政府的过度控制会影响下级政府的自主权和责任，导致下级政府对上级政府的政策和规划产生抵触情绪。

(3) 地方各级政府的债务问题。在中国各级地方政府，存在一些隐性债务问题。一些地方政府为了推动地方经济和社会的发展，设立大量城投企业等融资平台举债投资公共项目，导致地方政府或有债务水平较高。这种情况不仅加剧了地方政府的财政压力，也可能带来一些风险，例如，债务违约等问题。

（4）地方上下级政府间财政分权问题。在地方上下级政府间，财政分权问题也是一个比较突出的问题。由于中央政府的财政收入相对较大，而地方政府的财政收入相对较少，地方政府在财政收入上出现困难，上级政府获得财政收入后倾向保留收入，尽量减少往下的转移支付。因此，中央、省级政府在分配财政资源时，也需要考虑到地方下级政府的实际情况和需求，以确保资源的合理分配。

3. 地方上下级政府间关系对地方收入体系的要求

由于地方上下级政府间关系的特征导致其必然存在多种问题，对处于其中核心地位的收入关系应尽量做到以下几点：

（1）加强地方上下级政府间沟通和协调。收入关系是地方政府间上下级关系的核心，加强地方上下级政府之间的沟通和协调，是优化地方上下级政府间收入关系的重要途径。上级政府需要在对收入制定政策和实施规划过程中，应充分考虑到下级政府的事权、支出责任与当地实际情况和需求，与下级政府保持密切联系，及时解决下级政府的问题和困难。同时，下级政府也需要积极向上级政府反映本地区的情况和需求，以便上级政府更好地配置地方收入格局和体系。

（2）完善地方财政体制的法律法规。完善地方上下级政府间收入关系的法律法规，是改进地方上下级政府间关系的重要举措。法律法规需要明确地方政府和上级政府在收入征管、分配、使用、监督等方面的职责和权力，规定地方政府和上级政府之间的合作和协调机制，以确保地方政府和上级政府之间的收入分配关系合法、合规、合理。

（3）加强对收入体系的监督和管理。加强对地方上下级政府间收入关系的监督和管理，是改进地方上下级政府间关系的必要措施。地方上级政府需要对下级政府的使用收入履行事权进行监督和评估，及时发现问题和不足，指导下级政府改进。同时，下级政府也需要对上级政府的监督和管理进行评估和反馈，以便上级政府更好地优化收入分配政策。

(4) 加强地方上下级政府间财政合作。加强地方上下级政府之间财政工作合作，是优化地方上下级政府间关系的重要途径。上级政府需要在政策和规划制定中，充分考虑到下级政府的实际情况和需求，为下级政府提供资源和支持。同时，下级政府也需要积极与上级政府合作，共同推动地方经济和社会的发展，实现共赢。

三、财政事权与支出责任的划分沿革

财政的本质是政府参与社会资源分配，并依托财政体制作为分配体系核心，处理中央与地方、地方政府之间一系列分配关系的制度安排。中国经济体制在1978年转为以经济建设为中心，1992年确立社会主义市场经济体制后，在中央与地方、上级与下级政府间划分好财政事权与支出责任，成为转变政府职能、构建公共财政、维系国家宏观稳定的重大改革内容。

（一）1994—2006年"事权与财权相结合"

在1994年之前，中央、地方实行的是"分级分成"的财政体制。这一体制的主要方法是中央政府对地方政府的财政收入进行统一划分，地方政府提交一定比例的财政收入给中央政府后，享有剩余财政收入较大程度的自主支配权，也就是地方政府具有较大财权，而事权的划分随改革开放的快速推进，尚未进行清晰划分。然而，"分级分成"体制存在问题，即随着经济社会的发展，地方政府对财政收入的支配力度和依赖程度不断加深，导致中央与地方政府之间的财政矛盾日益严重。为了解决这一问题，中国政府决定进行分税制改革。

1994年分税制改革，依据的是"事权与财权相结合"原则，改革核心内容是划分"财权"：一方面，通过分设地税系统、划分税制体系，分立两套税收征管权力系统；另一方面，把各税种划分为中央税、地方税和共享税，然后中央和地方各收各的税，让每一级政府都拥有自己的财权，相应保障了各级政府履行事权的资金。在事权方面，分税制改革方案做出了初步划分：中央事权应包括经济宏观调控、国家安全、统一市场、跨区域事务；地方事权的划分倾向于改善地区营商居住环境，且相关事务的项目数量众多、信息复杂性更高、监管难度更大，公共服务属性具有典型的区域性。

在既定事权的条件下，按"事权与财权相结合"划分地方收入，将导致地方政府间无序竞争，因为事权划分的原则和财权划分的原则存在较大不一致性。例如，我国的消费税，主要目的是控制特定商品消费的税种，主要在生产环节征收。如果将消费税的各项税权划给地方政府，必将导致各地政府争相上马炼油、烟草、汽车等消费税课税行业，导致消费税政策目标的扭曲或落空（楼继伟，2020）。另外，如果按照事权与财权相结合原则，将主体税种的增值税划定为地方税，必将导致各地政府努力扩大生产，但拖延、拒绝期末的留抵退税。最后中央采用折中方案，增值税在央地间五五分成，地方政府的留抵退税，同样由央地五五分担，但地方的50%，先在纳税人属地就地分担15%，剩余35%先在属地退税，再按各地分享收入占全部地方政府增值税分享收入比例分担，年底再做核算。

综上所述，事权和财权存在不一致性，如果按中央和地方政府间事权划分财权，势必损害财政的资源配置和收入分配职能，导致所有地方政府倾向行使"财权"，进而扩大收入，导致各地政府的经济行为和行政行为出现巨大矛盾，普遍发生"轻事权重财权"的财政机会主义行为。总结来看，应从财权出发，更重视保障履行事权的基础要素——财力。

（二）2007—2012 年"财力与事权相匹配"

2007 年 10 月，党的十七大报告对深化财税改革提出了"健全中央和地方财力与事权相匹配的体制"要求，这是总结中国改革开放三十年经验基础上得出的科学结论，为进一步完善财政体制指明了方向。当时情况下，对如何划分各级政府事权，中央和地方均出现较大困难。加入 WTO

后,中国经济快速发展,政府职能随之发生巨大变化,新增事权快速增多,导致"中央点菜、地方买单"现象逐渐加重,地方政府在部分税收分走的基础上被赋予大量公共产品和服务之外的事权,例如国企改革、国家战略项目建设等,而且中央和省级政府政出多门,各个部门纷纷点菜,点菜太多、太频繁,而且档次也高,这造成地方买不起单(刘尚希,2013)。从原则上看,上级政府对委托给下级政府承办的委托事务、共同事务以及符合上级政府政策导向的,上级应该给予下级政府补助,专款专用。

2012年11月,党的十八大报告再次提出,加快改革财税体制,健全中央和地方财力与事权相匹配的体制。但经历十多年的改革,财政体制在运行过程中仍存在一些问题:①立法机关对行政机关事权划分未制定相应法律细则,各级政府之间的事权仍依赖中央政府颁布的规章制度或惯例,各级事权很难清晰划分,各级政府共同的事权多,而且事权的稳定性偏弱;②每一级政府通过自身所拥有的财权,获得的财力存在较大不平衡问题,也就是地方政府间部分地区有足够财源和税源,部分地区因为自然资源、经济水平等各种客观原因没有足够的财源和税源,财权很难转为充足财力;③能用于作为地方专享的税种偏少,央地共享税占据主体地位;④不同层级政府之间出现财权的矛盾时,缺乏中央或国家权威机构进行裁决。由于各种问题频发,按照"财权与事权相匹配"原则设计政府财政体制变得不再适用,应进一步下沉细分到事权的具体内容和财力的本质作用,"财政事权与支出责任相适应"随即在2013年提出。

(三) 2013年至今"财政事权与支出责任相适应"

支出责任是地方政府履行财政事权的支出义务和保障。2013年11月,党的十八届中央委员会第三次会议通过《关于全面深化改革若干重大问题的决定》(以下简称《决定》),提出建立"事权和支出责任相适应"的制度,具体要求包括适度加强中央事权和支出责任、部分社会保障和跨区域重大项目建设维护作为中央和地方共同事权、区域性公共服务作为地方事权,并且中央和地方按事权划分相应承担和分担支出责任。另外,《决定》要求保持中央和地方财力格局总体稳定。

从"财力与事权相匹配"到"财政事权与支出责任相适应",是财政体制上一次重要的精细化、具体化改革。从字面看,原来的"事权"变为"财政事权",增加"财政"二字,在原来事权基础上明确地方政府应履行的事权限定在地方政府能支配的财政资金承受范围内;另外,从最初的"财权"出发,将"财力"转变为"支出责任",这一变化具有鲜明的中国特色,具有典型的"事责"和"事权"匹配的特征。我国各个地方政府的情况差异较大,基于执行成本、管理路径、政治需要等方面的因素,存在着某一级政府的事权需要委托下级政府在不同程度上共同承担支出责任的客观情况,仅从理论上解决地方政府"应该"拥有哪些事权还是不够的,还应在实际工作中注意到由于各种客观因素导致的财政事权与支出责任不相适应的问题。2013年的《决定》,在财政体制改革中体现出精细化、具体化的实践思路,在具体财政事权与支出责任的划分上,采用具体问题具体分析的方法,将理论原则与客观现实有机地结合在一起。

从目标视角分析,财政事权与支出责任相适应,解决了以下几个问题:

一是地方政府职能范围在市场经济和商品经济环境下界定不清,特别是地方政府官员为了政绩目标可控,过度介入市场竞争,干预微观经济活动,地方政府行为"越位""缺位""错位"的现象屡见不鲜,不利于政府民生事权的履行。财政事权的提出,将政府行为的边界缩小到地方政府能配置的财政资金范围内,能有效避免以上问题。

二是中央事权长期"不实",以"管"为主,中央的外溢性支出责任负担不足,缺少适应中央与地方政府事权与支出责任划分安排。特别是事权交叉、支出责任错位的现象源头在中央,直接导致了地方政府财政预算安排与执行的不规范,存在中央事权挤占地方财政资源的状况,不符合现代财政制度的一般要求。

三是很多事权存在交叉、重叠、缺位现象,支出责任的归属很难清晰界定,同一事项不同部门重复投入财政资金的情况时有发生。各部门对履行事权时的支出责任往往以部门利益为主要考量因素,将工作重心放在争取转移支付工作上,而非财政资金的安全、高效和绩效,造成财政资金的供需难以实现平衡。

四是对地方政府的考核导向和财政事权、支出责任形成相互掣肘。长期以来,以经济建设为中心的考核导向使地方政府重经济增长,轻公共服务,避支出责任。2013年以后,在行政体制改革与司法体制改革方面存在不合理的条块分割,一定程度阻碍了生产要素的区域间流动,也增强了地方保护主义和部门利益,不利于构建全国统一大市场,更进一步模糊了政府间事权划分的边界与支出责任的相互适应问题。

财政事权与支出责任改革具体举措于2016年开始,在2018年,国务院完成了多个领域的事权和支出责任划分方案,各省参考中央政府文件相应设立了各省对下的事权和支出责任划分系列规定。但中国省、市、县、乡四级政府级次,叠加明显的地区差异使我国省以下政府间事权和支出责任划分仍然是薄弱环节。为进一步深化完善政府间事权和支出责任,国务院办公厅于2022年发布《关于进一步推进省以下财政体制改革工作的指导意见》,要求各地加快推进省以下财政事权划分进程,根据基本公共服务受益范围、信息管理复杂程度等事权属性,适度强化省级财政事权。

四、财政事权与支出责任存在的不相适应问题

自1994年分税制改革以来,地方政府的财政事权和支出责任划分一定程度上存在不清晰、不合理、不规范等问题。

(一)制度上已明确地方事权,但政府与市场的边界不清

从顶层设计视角看,中央和地方各级政府事权,是在政府与市场有明确边界的基础上确定的,但由于我国执行单一制国家组织形式,政府与市

场边界仍然不清。由于政府和市场的边界不清，各级政府在履行职责时存在较大程度的"越位""缺位"等情况。在政府"越位"上首先表现为地方政府官员为了理性人利益，从事了本应由市场或社会提供的职能，由此导致地方政府的事权无法确定相应的边界和范围，地方政府甚至利用国有企业作为法人直接参与市场领域的竞争。例如，在经济领域，各级政府对市场的干预过多，一些应由市场调节的经济活动，各级政府进行了过多过细的管制，干预市场价格、限制行业准入等，较大程度上扭曲了市场机制。这与市场经济规律相违背，增加了行政成本，也易造成腐败。其次，在资源配置过程中，政府职能部门与企业角色混同。一些政府部门直接控股经营企业，参与竞争性业务，同时还负责行业监管，既是运动员又是裁判员，这与政府在市场中的监管职能相违背。最后，在政府"缺位"上，表现为本应由政府提供的公共产品和服务供给不足，而地方政府集中精力处理具有较大经济利益和政治激励的基础设施建设、土地开发等活动。

（二）财政事权和支出责任之间缺乏法律的规范和约束

根据我国的《政府组织法》，上下级政府间是行政隶属关系，下级政府有责任和义务完成上级政府交办的任务。这对明晰地方政府事权和支出责任造成一定困难。在中央与地方事权和支出责任划分方面，上级政府依托法律、人事权、财政权等，有权决定下级政府的事权和支出责任，不需要依据法律法规，可以由上级政府从事权的风险把控出发对下级政府的事权进行调整划分。从这个角度来说，上级政府对下级政府的事权分配权力实际上没有受到法律法规的有效约束。而且上级政府事出多个部门，上级政府对事权收放的把控，在很大程度上是按照上级政府各个部门的惯例、偏好、利益关系在分配和履行事权。

（三）财政事权和支出责任之间尚未相互适应地做好划分

事权和支出责任相适应，指的是事权归属哪一级政府，支出责任相应地归属同一级政府。当发生上级政府委托下级政府事权时，支出责任需要发生相应转移以保障下级政府履行事权。

1. 上级对下级委托的事权偏多，但没有相应地同步财政转移支付

由于我国单一制国家结构形式，财政事权和支出责任层层下移，很多本应由上级政府履行的事权委托给了下级政府执行，下级政府继续延续上级做法，下放事权上收财力，加上地方财政的财力下降，最终导致地方基层政府运转困难。而政府间转移支付的目的是使低层级政府的财力与事权匹配，这种转移应该是无偿的，不能替代支出责任（刘尚希等，2017）。解决办法应是各级政府的事权和支出责任要相适应，尤其在发生委托事权时，对应的资金或经费要同时转移，以保障委托事权落实（贾康，2015）。

2. 共同事权对应的支出责任分担比例不明确

对于上级政府委托给下级政府承担的事权，上级应该通过专项转移支付，以此承担共同事权中上级政府应该分担的支出责任，但是上级政府每年拨给下级政府的共同事权转移支付资金没有具体的规则和详细的规划，共同事权对应支出责任的比例和额度会因各种因素干扰处于变动之中。因此，共同事权及其支出责任的模糊性导致地方基层政府对上级事权和支出责任没有十分稳定的预期，对于安排每年履行事权的资金拼盘很难有明确的方案。

3. 事权和支出责任存在差异化倾向

由于我国长期坚持城乡二元体制，因此地方政府承担同一事权，存在支出责任不同的问题，例如农村、城市的医疗、教育问题，体制内、体制外离退休职工的社会保障问题等。一些公共服务领域，政府承担了服务提供的事权，但相应的支出责任存在巨大差异，导致政府不能公平地或有序地履行公共服务事权。例如，对农村、体制外的养老服务、医疗卫生服务等，地方基层政府承诺提供这些服务，但所承担的支出责任与其他主体存在差异,导致履行事权的质量难以保证。

五、"财政事权与支出责任相适应"对地方收入体系的内在要求

从权责匹配角度分析,财政事权与支出责任相适应是指财政资金的分配与使用应当与各级政府的职责相对应,以保证各级政府有足够的财政收入来完成其职责。落实到地方收入体系中,这一原则要求地方政府的税收收入和其他收入应当能够满足与其承担的事权相互适应的支出责任。为了实现这一目标,地方收入体系需要满足以下几个方面的要求。

(一) 合理划分、调整中央与地方财政事权与支出责任

按财政事权和支出责任相适应原则,各级政府的财政事权应当在各级政府间做出合理划分,并按社会、经济、人口发展变化进行动态调整。中央政府应当主要负责国防、外交等国家层面的事务,地方政府主要负责地方经济社会发展、公共服务等方面,尽量减少或规范各级政府间的共同事权,形成条块清晰的事权划分方案,相应设置科学合理的支出责任划分层级。同时,各级政府之间的财政事权和支出责任划分应当按社会经济发展变化,设计一定的灵活性,以便根据实际情况进行调整。

(二) 充足而稳定的地方财政收入来源,确保地方履行支出责任

地方收入体系应当是充足且稳定的,以便地方政府能够安心履行其职责。在现代预算体系下,税收收入应是地方政府的主要收入来源,按照分权型财政学说和理论,地方政府通过地方税取得的财政收入应能满足提供当地政府履行各项事权所需的资金。因此,地方税的税基应具有同当地社

会、经济、人口变动的动态弹性，能够随经济成长和人口规模的扩大而增长，而且地方政府也应有权对地方税税率进行调整。除此之外，常规情况下地方政府履行既定事权所需的资金是稳定的，相应地要求地方税收入维持稳定，受经济周期影响的税种不适合划归地方税。综合而言，地方政府的税收收入应当具有一定程度的自主权，以便根据当地经济发展和社会需求调整税收政策。此外，地方政府还可以通过发行债券、收取土地使用权出让金等途径筹措资金。

（三）完善的地方税制体系

地方税收是地方政府财政收入的重要组成部分，也是地方政府实现经济社会发展目标的重要手段。因此，完善地方税体系是实现财政事权与支出责任相适应的重要措施之一。按照事权和支出责任相适应要求，应增加地方税种的数量和种类。在现行地方税体系中，主要包括房产税、城市维护建设税、教育费附加、资源税、印花税等。但是，由于地方税种数量和种类相对较少，地方税的结构性问题比较突出，难以满足地方政府履行财政事权和支出责任的财政需求。因此，应当适度增加地方税种的数量和种类，以满足地方政府不同层次和不同领域的财政需求。另外，要适度扩大地方税基。税基是税收征收的对象范围，扩大税基可以增加税收的来源，提高税收的征收效率。

在扩大税基的同时，还应当注重税收的公平性和合理性，避免对弱势群体产生不利影响。地方税的税收负担在居民、企业间的分配要较好地贯彻受益原则和支付能力原则，让受益多或支付能力强的纳税人负担较多的地方税。而且不同地区地方税税收负担的差异，会使税基在不同地区间流动，从而影响到经济活动主体的区位决策。因此，良好的地方税的税基，或课税对象应具有非流动性，对非流动对象征税，才能避免地方税的课征过多地干扰经济主体的消费、储蓄、投资、工作等方面的地理位置决策，才能保证筹集到充足而稳定的地方税收入。

(四) 地方政府财政运行高效

为了实现财政事权与支出责任相适应,地方政府应当努力提高财政运行的效率。地方税的征管工作不应超越当地的税务行政能力,否则征管成本就会非常高。从纳税人视角看,地方税要比较容易理解和遵从。具体而言,地方政府应当加强财政支出的绩效管理,定期评估各项政策和项目的财政效果。此外,地方政府应当优化财政支出结构,减少不必要的支出,确保财政资金用于关键领域和民生项目。

(五) 重视区县基层收入的充足稳定性

区县政府是地方政府提供服务和治理社会的基层单位,其财政收入对于地方经济和社会发展至关重要。由于地方财政收入体系不够完善和稳定,区县基层财政收入也存在不充足和不稳定情况。为了保障区县基层的财政收入,需要采取以下措施:一方面,应当根据地方政府收支状况和区县基层经济社会发展需求,建立健全地方财政收入分配机制,确保区县基层的财政收入得到合理分配和使用。同时,应当加强地方财政收入分配监管和评估,防范地方政府滥用财政权力和不合理使用财政资源。另一方面,应加强财政管理和监督,保障区县基层财政收入。应当加强对地方政府财政收支情况的监督和审核,防范财政收支不合理和违法行为。同时,应当加强对地方政府财政收支的公开和公众监督,提高财政信息的透明度和公正性。

第五章　地方收入体系的 DSGE 模型分析

DSGE 模型（动态随机一般均衡模型）是常用的宏观经济学模型，通过集成微观经济理论和宏观经济数据，可以用来分析财政、货币等政策和冲击对经济的影响。在研究地方财政收入体系的特质和因果关系时，DSGE 模型可以结合多部门目标方程下的经济行为方程，帮助我们理解地方政府收入、支出、债务等多个方面的相互关系和影响，并为政策制定者提供关于地方财政收入变化对经济增长等宏观经济指标的预期效果，从而有助于评估地方财政收入体系的可持续性和合理性。

一、地方收入体系问题的提出

（一）提出地方收入体系问题的背景

党的二十大报告指出，要优化税制结构，完善转移支付制度。税制改革中，中央和地方收入分成措施是中华人民共和国成立以来各级党委、政府关注的焦点，直接决定了地方收入规模和事权履行能力。改革开放后，"财政包干制"给予地方政府较大的财政激励，地方政府通过多样化的税收优惠政策，发挥地方政府积极性，推动了地区经济乃至全国经济发展。1994 年分税制改革后，地方政府通过抓大放小，淘汰落后产能，吸引外资，发展民营经济，卓有成效地促进了中国经济腾飞。但也应该看到，在取得一系列经济成就同时,出现了税制结构长时间固化,中央和地方、地方和地方间的收入不平衡问题。特别是中国税制改革过程中,全面"营改增"一方面降低了地方政府收入规模,另一方面缩减了地方政府税收优惠的自由裁量权,导致制造业等资本密集型产业税收负担过重;同时,增值税完备的征纳设计,例如销项征收、进项抵免、联网开具发票等举措,对企业造成较高的纳税成本。因此,在政府事权分为投资事权和民生事权的情况下,应该如何设计最优中央和地方政府税收分成结构,使地方在分税制框架下供给最优水平的基础设施和公共服务,实现经济快速发展,是本章研究重点。因此,本章力图基于中国现实背景,解决现有收入体系失衡状态是否有利于经济增长,影响的机制路径如何等问题,这些问题也是学术界和政策制定者关注的焦点问题。

(二) 开展地方收入体系问题研究的现状

在国内,地方收入体系的研究较少,研究文献集中在决定地方收入体系的财政体制领域。对财政体制的经济效应研究有多个不同的研究视角。分税制财政体制下,地方政府收入体系较大程度依赖土地出让收入,因此有很多研究从"土地出让""政府性基金"视角出发研究经济增长。财税体制的变化不会改变地方政府促进经济增长的情况,而会改变地方推动经济增长的方式,即"土地财政"方式(陈志勇、陈莉莉,2011)。也有学者指出决定地方收入体系的财政体制并非是地方政府依赖土地而推动经济发展,城镇化才是主因(孙克竞,2014),中央和地方的财政体制只是强化了地方获取土地出让收入的诱因(蒋震,2014)。从政府债务视角的研究认为,财政体制因素导致地方政府债务规模快速膨胀,投资性支出与债务规模交互强化,相互刺激从而导致"投资—债务—体制"之间互为因果(孙克竞,2015),由此衍生出的"地方政府融资平台债务"问题,是财政体制内中央与地方的关系问题(王国刚,2012),地方收入体系的财政体制只能解释政府债务行为的能力和动机,动机能否实现有赖于金融制度的配合（毛捷等，2019）。而从地方收入体系确定后的支出情况看，分权型财政体制产生对公共基础设施的正向作用（谢贞发、张玮，2015），而且分权型财政体制会增强地方政府间竞争，采用扩张型财政政策可以提高政府调控能力，进而稳定经济增长（卢洪友等，2012）。综合对财政体制和经济增长的研究，大部分是基于中国制度背景的规范分析或计量分析，缺乏从经济主体行为逻辑上的传导机制的探讨。

近年来，使用动态随机一般均衡模型（DSGE）的政府财政体制研究开始演化，衍生出多级政府框架模型，展开对财政体制变化如何影响经济变量的研究。在新古典增长模型方面，有学者在最优税收政策框架下构建了多级政府、多类居民的 DSGE 模型，围绕市场资本累积过程研究中央税、地方税、中央对地方转移支付的最优选择问题（Gong & Zou，2002）。程宇丹和龚六堂（2002）在以上多级政府模型基础上加入政府债务行为，研究中央债务和地方债务对经济增长的影响。Evers（2015）在两级政府、两个区域的 DSGE 框架中，比较了通过划分税收分成比例的方式研究财政体制变化对经济的不同作用机制。朱军和许志伟（2018）则将中国情境下的中央与地方两级政府结构引入 DSGE 模型分析框架，考察财政分权下地方政府的财政政策对整体宏观经济波动的影响。马文涛和马草原（2018）在多政府层级的 DSGE 模型框架中，从地方政府对微观个体的隐形担保出发，糅合金融分权、户籍管制以及分税制等特征，构建优化模型，研究了政府担保及其"稳增长"目标在地方政府债务中的作用。从理论模型的文献分析，之前学者关于多级政府 DSGE 模型的拓展丰富和促进了财政体制分析工具，为政府间财政关系研究提供了有益思路。但政府如何优化中央和地方税收分成，将税收分成后的财政支出提质增效，进而促进全国宏观经济发展的研究仍被忽略。因此，这方面的研究亟待进行。

综上所述，本章的潜在创新有以下几点：首先，在研究框架上，将地方政府财政事权支出划分为民生事权支出和投资事权支出，从财政支出端研究央地税收分成乃至央地收入体系变化冲击引发的经济变量变化，这是对多级政府 DSGE 模型财政方向的拓展；其次，在研究视角上，本书选取的是地方收入体系受分成体制冲击，而非传统的债务冲击对宏观经济变量失衡的影响，将过往受外生经济变量影响的视角转移到了内生制度设计的视角，目前对这一问题的研究较少，急需就优化财政体制的范围和方式提供政策建议；最后，尽管国内学者对财政事权与支出责任体系做出了多样化的研究，但绝大部分还是停留在规范分析的方法上，较少使用 DSGE 等理论分析模型展开研究。然而，如果要进一步完善财政体制，乃至全国各地的收入体系，则要把财政体制变化的传导机制研究清楚。

二、基本事实和内在逻辑

（一）地方收入体系变化的基本事实

从 20 世纪 70 年代开始，我国财政改革大致经历以下四个过程：包干制试点；分灶吃饭；多种地方包干；分税制。具体的时间脉络如下：

第一阶段，财政分权。1970 年中央提出把部分企业、事业单位下放到地方管理，提出收支大包干，这是改革开放之前对收支包干最初的试点性提法。1977 年，江苏省试行比例包干、单独试点。同时，一般预算收入区分为中央、地方部分 58%：42%，部分事务划归地方，部分事务划归中央，四年不变。1981 年，江苏省财政包干结束，恢复执行全国体制。1978—1980 年，是各省财政体制的试行摸索阶段，但一定导致问题很多，中央和各省沟通成本巨大。1980 年，国家下放财权，预算管理体制上实行"划分收支、分级包干"，简称"分灶吃饭"。收入上区分：中央固定收入、地方固定收入、固定比例分成收入、调剂收入。但分灶吃饭存在的问题是地方财力紧缺，向中央提出诸多要求。1983 年和 1984 年两步利改税（以前是红利上缴）。从而在 1985 年起实行"划分税种，核定收支，分级包干"。

在 1985 年，财政部要求文教科学卫生费全部由地方承担。国债事业在 1986 年得到大发展，国债收入占财政收入的 6%，但当时的国债绝大部分给到中央支配。1988 年开始执行多样化的中央和地方财政体制，例如"收入递增包干法"：给每个地方定一个递增率，递增率之下的中央地方按固定比例分，递增率之上的，地方全拿走，达不到递增率的，地方财政自己补足。1988 年以后"总额分成法"比较普遍，比如武汉、青岛、大连等计划单列市，在重新核定收支基数的基础上，实行"总额分成加增长分成"办法。即原核定的地方收入基数部分，按"总额分成"办法核定的比例分成，地方实际超收增长的部分，另按一个不同的比例分成。另外，在 1988 年以后，还有安徽、山西两省和天津市，继续实行"总额分成"办法。省级以下的各级财政中，采取"总额分成"办法的也较普遍。但分灶吃饭，分级包干制度存在以下问题：①强化了地方保护和无序竞争，助长了地方保护主义和市场分割；②制度存在明显的不规范性和不稳定性；③束缚企业活力，助长了投资膨胀与结构失调；④削弱中央宏观调控能力。

第二阶段，分税制改革。李鹏总理于 1990 年提出分税制，当时中央财政收入占全国财政收入降低到了 30% 以下，财政收入占 GDP 比重到了 15% 以下。1990 年提出分税制后，中央于 1992 年开始分税制试点，选取了 9 个省市参与①。初步看，分税制对 1994 年之前的整体中央地方收入没有太多影响，但最重要的是"税"，在固定收入和分享收入等块块之外设立"税"，给了中央很大的财政自主权，至此较为完备的税制体系基本建立。全国 1993 年税种包括：①流转税 4 种：增值税、消费税、营业税、关税；②所得税 3 种：企业所得税、个人所得税、外商投资企业和外国企业所得税；③资源税 2 种：资源税、城镇土地使用税；④财产税 2 种：房地产税和城市房地产税；⑤行为目的税 10 种：城市维护建设税、耕地占用税、固定资产投资方向调节税、土地增值税、车船使用牌照税、车船使用

---

① 天津市、辽宁省、沈阳市、大连市、浙江省、武汉市、重庆市、青岛市、新疆维吾尔自治区。

税、印花税、契税、屠宰税、筵席税；⑥农业税2种：农业税和牧业税。2003年，党的十六届三中全会通过《中共中央关于完善社会主义市场经济体制的决定》，要求按"简税制、宽税基、低税率、严征管"四项原则改革税制。2003年，财政部门围绕以上原则，进一步巩固了1994年分税制改革。2004年，财政部统一内外资企业所得税制度，内外资企业适用于统一的企业所得税法，并推行法人税制。从当年开始在东北地区的装备制造业等八大行业开始增值税转型改革试点。2007年增值税试点扩大至中部6省和26个老工业基地电力、采掘八大行业。2008年，又扩大增值税试点到呼伦贝尔、兴安盟等五个地区。2009年开始，在全国范围内全面推行增值税转型改革。2006年1月1日，取消农业税。

第二阶段的代表性事件是"营改增"。2016年，"营改增"试点全面推开，原本属于地方的营业税，改为中央和地方共享的增值税。

第三阶段，财政中央集权。2018年，党和政府机构改革方案要求，省级和省级以下国税地税机构合并，税收管理工作以国家税务总局为主与省（自治区、直辖市）政府双重领导管理体制。实际运作过程中，逐步将土地出让收入、社会保险收入划入国家税务总局征收管理。经历多轮税制改革，截至2022年11月，中国的税收体系包括18个税种，分别是：①流转税：增值税、消费税、城市维护建设税、车辆购置税、关税；②所得税：企业所得税、个人所得税、土地增值税；③财产税：房产税、城镇土地使用税、契税；④行为税和其他：印花税、车船税、耕地占用税、资源税、船舶吨税、烟叶税和环境税。

从图5-1可知，财政体制经历40多年改革，形成现在既定的地方收入格局后，中国绝大部分省份赤字规模超过收入规模。绝大部分省份支出50%以上依赖中央转移支付，仅有山东、江苏、广东、浙江、福建、北京、天津、上海8个经济较发达省市收入规模超过赤字规模。从收支情况看，虽然中国已执行分权型央地财政体制，但各省地方分成后的收入远不足以支撑履行财政事权，大部分财政事权对应的支出责任，仍然依赖中央政府通过转移支付予以解决。

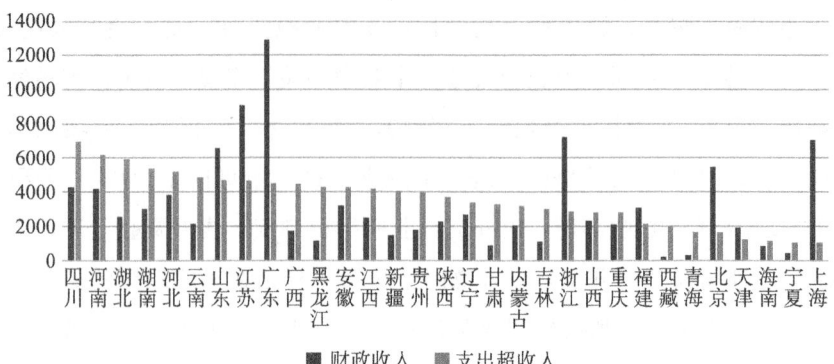

图 5-1　2020 年各省、自治区、直辖市财政收入和赤字（亿元）

数据来源：《中国统计年鉴》。

根据以上分析总结，地方收入体系面临较大收入缺口，财政事权严重依赖中央转移性资金，地方履行财政事权时对收入体系的主导能力偏弱，是否应扩大地方收入体系和收入能力，是急切需要解答的重要问题。

（二）中国经济增长的基本事实

在改革开放 40 多年的经济增长过程中，由于交通区位、资源禀赋不同，各地经济实力发生巨大分化。京津冀、长三角、珠三角地区依托区位优势，获得大量青壮年人口和外资青睐。这些地区获得相对优势后，经济快速发展。经济总量增大后，政府通过财政工具筹集大量资金，用于履行基础设施、教育、医疗等财政事权，进一步为经济发展打造良好的基础设施和民生服务，形成"财政—经济"的良性循环；而中部和西部地区由于区位劣势，难以获得优势，在经济发展中长期处于人口流出和资本流出状态，中部和西部地区的经济发展一直处于"弱财政—弱经济"交互的恶性循环。

从各省人均 GDP 标准差可知（见图 5-2），中国内陆省份的经济差距在过去 6 年时间逐渐拉大，人均 GDP 标准差从 2.29 万元增长到 3.44 万元，说明中国经济发展的不均衡情况仍在恶化。依据《中国统计年鉴》数据，通过计算发现，各省市人均 GDP 最高的是北京市，2021 年高达 18.4 万元/人；而人均 GDP 最低的是甘肃，仅 4.1 万元/人，仅为北京市的 22%。经济发展水平差异数据说明，中国经济的区域不平衡问题严重制约经济可持续高质量发展，迫切需要财政体制解决不平衡的发展问题。

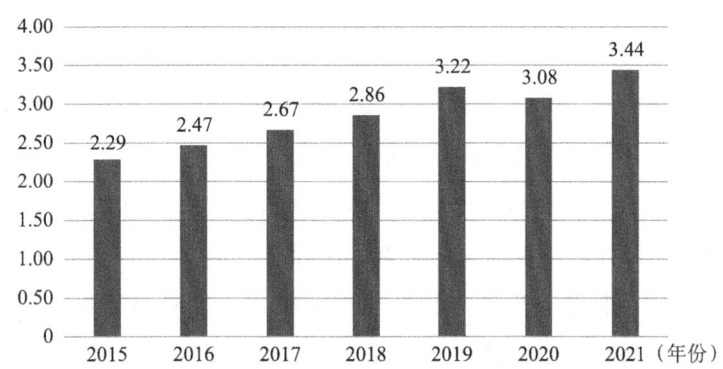

图 5-2 2015—2021 年 31 省、自治区、直辖市人均 GDP 标准差

（万元）

数据来源：依据《中国统计年鉴》数据计算。

（三）地方政府收入变化与经济发展失衡之间的基本逻辑

从以上分析可以看出，在既定的地方政府收入体系框架下，中国一直存在着区域经济结构失衡现象，那么地方收入体系与经济结构失衡之间是否有内在逻辑关系？要回答这个问题，必须分析财政和经济交互发展的本质。

财政的本质是政府代表国家，通过财政工具参与社会总产出的分配过程，将一部分总产出以"财政收入"形式征收到政府部门，政府部门有了财政收入，可以履行优化资源配置、调节收入分配、稳定经济发展三大公共职能。具体到财政支出的部门职能，包括经常性支出、投资性支出、转移性支出三大类。经常性支出包括一般公共服务、国防、教科文卫支出等,用于直接向政府辖区居民部门提供公共服务。其狭义的说法,是向居民部门提供民生公共服务。投资性支出则是政府将财政资金投入生产或生产配套领域,为了促进社会效益和宏观经济效益,转化财政资金为公共资产或无形资产,满足社会生产生活所必需的基础设施需要的经济行为。其狭义的说法,是政府出资或主导的基础设施建设。政府转移性支出,是政府单方面地、无偿地向居民部门和企业部门支付的财政资金,这部分资金政府不关注是否直接产生社会效益,通常是中央政府转移给地方政府,地方政府再转移支出给居民部门的支出。狭义地说,转移性支出是政府补助。这些支出会通过各自渠道提高辖区经济产出。

(1) 经常性支出提高居民部门个人效用。经常性支出直接作用于教科文卫领域,可以提高当地居民的教育、医疗、卫生、文化等各项公共服务水平,一般公共服务支出还能提高当地治安水平,吸引居民部门人口增加,进而增加当地劳动力数量,推动当地经济发展。

(2) 投资性支出降低中间厂商和终端厂商要素成本,作用于全要素生产率。投资性支出能促进地区生产要素的累积,降低要素运输成本,帮助企业提高劳动、资产使用效率,最终提高中间品厂商和最终厂商的利润,使生产、终端企业集聚在当地,推动经济快速发展。

(3) 中央政府、省级政府向地方政府提供转移支付,弥补地方政府财政事权的支出缺口,通过以上经常性支出和投资性支出给予地方政府更多支持。

总之,地方收入体系来源于地方经济,其支出也会反向作用于地方经济。因此,通过单向因果关系检验,可能导致检验的内生性问题(见图 5-3)。接下来,本报告使用多级政府的 DSGE 分析框架研究财政事权与支出责任相适应的地方收入体系与经济波动的传导机制。

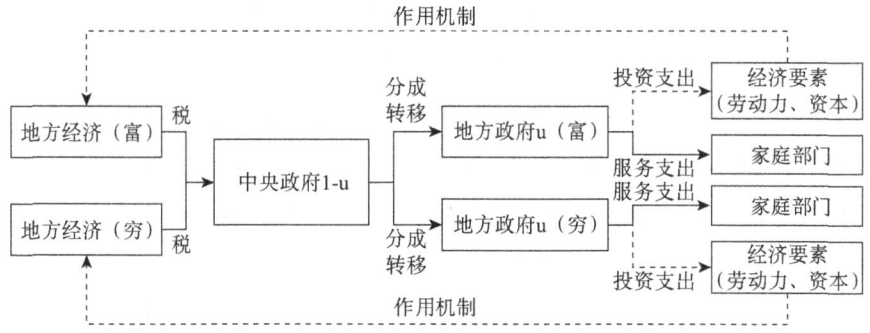

图 5-3 地方收入体系影响经济不平衡的传导路径

三、"一中央两地方"财政收入理论模型

本部分以经典的多级政府财政分权 DSGE 模型为基础框架（Backus et al.,1992；Gali & Monacelli,2005；Evers,2015），构建包含一个中央政府、两个地方政府（经济强区地方政府、经济弱区地方政府）的"一中央两地方"动态随机一般均衡模型。Evers（2015）文章构建的是国内、国外的中间产品模型，并设定最终产品是两国中间产品的 CES 函数形式，分析财政收入端受完全分权、收入均等化、中央集权三种财政体制模式对经济变量和福利总量的影响。虽然 Evers（2015）采用的是双国家模型，但其中间产品跨境供应思路为政府间财政关系推导提供了良好启发。本章基于前人研究的基础上（Ever,2015；朱军、许志伟,2018；王文甫等,2020；Tamegawa,2022），对多级政府 DSGE 模型进行改进，使之更加符合中国地方收入体系的典型事实。

在本章的"一中央两地方"多级政府 DSGE 模型中，经济强区和经济弱区以及中央政府的财政结构方程按如下设定展开：①中央政府从经济强区、经济弱区获得税收分成收入后，将中央收入中一部分转移支付给强区和弱区地方政府。同时，中央的财政支出不仅通过全国性公共服务的民生支出影响家庭效用函数，还通过投资支出的正外部性影响中间产品总供给,从而对强区、弱区的地方经济产生影响;②各地最终产品厂商是完全竞争的,中间产品厂商因产品存在差异是垄断竞争的;③参考 Evers(2015)的设定,强区与弱区的中间品厂商的产品互相作为中间投入品,与本地区中间产品组合生产最终产品;④强区和弱区政府,分别通过 GDP 锦标赛(周黎安,2007)影响各自的财政投资决策,从而各自对应的对手政府辖区 GDP 变动会影响本地区 GDP 的变化,进而影响财政支出变化。参考中国的现实情况,本报告认为,强区和弱区间的经济结构和资源禀赋存在差异。强区拥有较多的资产和较少的劳动力(资本密集型);弱区拥有较少的资产和较多的劳动力(劳动密集型)。从民生支出和投资支出来看,弱区更加依赖投资对 GDP 的支撑作用,因此,弱区的政府财政投资性支出占比更大。

多级政府的 DSGE 模型中涉及的变量较多,政府主体相对较多,因此对下标符号进行整体说明:标号 1 指代的是经济强区,标号 2 指代的是经济弱区;经济强区中间产品用 m 表示,经济弱区中间产品用 n 表示。

(一)家庭部门

经济强区的代表性家庭存活无限期,代表性家庭为了一生效用最大化,贴现到初始时期的效用函数为 $E_0^j \sum_{t=0}^{\infty} \beta^t U$(以经济强区为例),具体的全生命周期效用表达公式为:

$$\max E_0 \sum_{t=0}^{\infty} \beta^t \left[\frac{(C_t^1 (G_{ct}^1)^\omega)^{1-\sigma}}{1-\sigma} - a_n^1 L_t^1 \right] \tag{1}$$

其中,E_0 是家庭的数学期望,β 是代表性家庭对效用的主观贴现率,C_t^1 表示经济强区的代表性家庭的消费量,G_{ct}^1 表示代表性家庭所处经济强区的政府民生支出,由中央民生支出 g_{ct} 和地方民生支出 g_{ct}^1 遵循公式 $G_{ct}^1 = (g_{ct})^\varepsilon (g_{ct}^1)^{1-\varepsilon}$ 合成,ε 是中央民生支出对效用的弹性(相对重要性);σ 是消费的效用弹性指数,a_n^1 是劳动相对消费的重要程度指数,L_t^1 为经济强区代表性家庭的劳动量。

以上效用函数的代表性家庭预算约束方程为：

$$C_t^1 + [K_{t+1}^1 - (1-\delta)K_t^1] + \frac{B_{t+1}^1}{R_{bt}^1} = (1-\tau_t)(W_t^1 L_t^1 + R_{Kt}^1 K_t^1 + \prod_t^1) + g_{zt}^1 + B_t^1$$

(2)

其中，K_{t+1}^1 是经济强区代表性家庭决策的下期资本总量、δ 是资本折旧率；g_{zt}^1 是经济强区地方政府给家庭的转移支付，B_{t+1}^1 是代表性家庭购买的中央政府债券，R_{bt}^1 是政府债券回报率；τ_t 是政府对劳动和资本收入的统一税率，W_t^1 是强区的工资率；R_{Kt}^1 是资本报酬率；$\prod_t^1$ 是强区中的家庭作为中间产品厂商所有者享有的利润（超额利润）。记经济强区代表性家庭的拉格朗日乘子为 λ_t^1，家庭能决策的变量包括 C_t^1、L_t^1、K_{t+1}^1、B_{t+1}^1，使用拉格朗日方法求解一阶最优条件得到：

$$\lambda_t^1 = (C_t^1)^{-\sigma}(G_{ct}^1)^{\omega(1-\sigma)} \tag{3}$$

$$a_n^1 = \lambda_t^1(1-\tau_t)W_t^1 \tag{4}$$

$$\lambda_t^1 = \beta\lambda_{t+1}^1[(1-\tau_t)R_{Kt+1}^1 + 1 - \delta] \tag{5}$$

$$\lambda_t^1 = \beta\lambda_{t+1}^1 R_{bt}^1 \tag{6}$$

通过上式可以看出，拉格朗日乘子的潜在经济学含义是预算约束曲线上的边际效用大小。

（二）最终产品厂商

设定最终产品厂商使用中间产品的组合生产函数为：

$$Y_t^1 = [\theta(m_t^1)^\rho + (1-\theta)(n_t^1)^\rho]^{1/\rho} \tag{7}$$

其中，Y_t^1 是经济强区最终产品的产量，θ 是最终产品厂商使用经济强区中间产品量 m_t^1 的相对重要程度，n_t^1 是所需经济弱区中间产品的占比，ρ 是中间产品对产出的弹性指数。假设 q_t^m 和 q_t^n 分别是经济强区和经济弱区中间产品对最终产品的相对价格，常见的是1单位中间产品的货币价格。相应地，最终产品厂商追求的利润最大化函数是：

$$\prod{}_t^{Y1} = [\theta(m_t^1)^\rho + (1-\theta)(n_t^1)^\rho]^{1/\rho} - q_t^m m_t^1 - q_t^n n_t^1 \qquad (8)$$

直接对以上公式右边的中间产品 m_t^1、n_t^1 求一阶导数，得到最终产品厂商一阶最优选择为：

$$q_t^m = \theta \left(\frac{m_t^1}{Y_t^1}\right)^{\rho-1} \qquad (9)$$

$$q_t^n = (1-\theta) \left(\frac{n_t^1}{Y_t^1}\right)^{\rho-1} \qquad (10)$$

以上两个公式即为最终产品厂商对中间产品的需求方程。参考 NK-DSGE 模型设定，最终产品厂商是完全竞争的，因此，以上利润变量 $\prod{}_t^{Y1}$ 恒为 0。

（三）中间产品厂商

经济强区和经济弱区的中间产品厂商凭借垄断力量，能够获得一定超额利润。参考郑新业等（2019）关于政府支出对生产函数的作用机制，本报告设定经济强区的中间品生产厂商的生产函数为：

$$m_t = A_t (G_{pt}^1)^\chi (K_t^1)^{\alpha_1} (L_t^1)^{1-\alpha_1} \qquad (11)$$

其中，m_t 是经济强区所有中间产品的产量（$m_t = m_t^1 + m_t^2$），A_t 是全要素生产率，G_{pt}^1 是中央政府和地方政府的投资支出组合而成[①]，组合公式是 $G_{pt}^1 = (g_{pt})^\phi (g_t^1)^{1-\phi}$，$\phi$ 是中央投资支出占比（相对重要性）。中间产品厂商由于产品具有差异性，是垄断竞争的，拥有一定超额利润，利润函数为：

$$\prod{}_t^1 = q_t^m A_t (G_{pt}^1)^\chi (K_t^1)^{\alpha_1} (L_t^1)^{1-\alpha_1} - W_t^1 L_t^1 - R_{Kt}^1 K_t^1 \qquad (12)$$

即中间产品厂商的利润 $\prod{}_t^1$ 为中间产品相对最终产品价格，乘以中间产品总的产量，减去所需支付的劳动报酬和资本租金。中间产品厂商能够

[①] 政府投资支出是指中央和地方政府为基层提供基础设施进行的支出，是作用于当地生产成本，影响中间产品生产函数的支出。

决策的是雇佣劳动量 L_t^1 和租赁资本 K_t^1，分别对这二者求一阶导数，可以得到：

$$R_{Kt}^1 = \alpha_1 q_t^m \frac{m_t}{K_t^1} \quad (13)$$

$$W_t^1 = (1-\alpha_1) q_t^m \frac{m_t}{L_t^1} \quad (14)$$

以上公式表明，中间厂商利润最大化的条件是边际产出等于要素报酬率。

（四）一中央两地方政府

假设地方政府获得所有的债券资金，则经济强区地方政府的预算约束如下：

$$g_{ct}^1 + g_{pt}^1 + g_{zt}^1 + B_t^1 = (1-u_t)\tau_t(W_t^1 L_t^1 + R_{Kt}^1 K_t^1 + \Pi_t^1) + \frac{B_{t+1}^1}{R_{bt}^1} + tr_t^1 \quad (15)$$

上式左边分别是地方政府的民生支出、投资支出、转移支出和偿付债券的 4 项支出；上式右边分别是税收地方分成部分，地方从全部劳动所得税分成，分成比率为 $1-u_t$，即 u_t 是中央分成部分，资本报酬和资本利得分成，分成比率也为 $1-u_t$，债务收入 B_{t+1}^1/R_{bt}^1，中央政府给该地方政府的转移支付 tr_t^1。由于中国经济弱区通常享有较大比例的转移支付比例，因此，设定经济强区获得的转移支付固定比例是 ω_1，相应地经济弱区获得的转移支付固定比例是 ω_2。

（五）经济弱区

相应地，从经济强区也可计算出经济弱区最终产品厂商和中间产品厂商的均衡系统方程为：

$$Y_t^2 = [(1-\theta)(m_t^2)^\rho + \theta(n_t^2)^\rho]^{1/\rho}$$

$$q_t^m = (1-\theta)(\frac{m_t^2}{Y_t^2})^{\rho-1}$$

$$q_t^n = \theta(\frac{n_t^2}{Y_t^2})^{\rho-1}$$

$$n_t = A_t(G_{pt}^2)^\chi(K_t^2)^{\alpha_2}(L_t^2)^{1-\alpha_2} \quad (16)$$

$$G_{pt}^2 = (g_{pt})^\varepsilon(g_{pr}^2)^{1-\varepsilon}$$

$$n_t = n_t^1 + n_t^2$$

$$R_{Kt}^2 = \alpha_2 q_t^n n_t / K_t^2$$

$$W_t^2 = (1-\alpha_2) q_t^n n_t / L_t^2$$

相应地，经济弱区代表性家庭的均衡系统方程为：

$$\lambda_t^2 = (C_t^2)^{-\sigma}(G_{ct}^2)^{\omega(1-\sigma)}$$

$$a_n^2 = \lambda_t^2(1-\tau_t)W_t^2$$

$$\lambda_t^2 = \beta\lambda_{t+1}^2[(1-\tau_t)R_{Kt+1}^2 + 1 - \delta] \quad (17)$$

$$\lambda_t^2 = \beta\lambda_{t+1}^2 R_{bt}^2$$

经济弱区地方政府的预算平衡方程为：

$$g_{ct}^2 + g_{pt}^2 + g_{zt}^2 + B_t^2 = (1-u_t)\tau_t W_t^2 L_t^2 + (1-u_t)\tau_t(R_{Kt}^2 K_t^2 + \prod_t^2) + \frac{B_{t+1}^2}{R_{bt}^2} + tr_t^2$$

(18)

最终，结合以上分析，中央政府的预算约束方程为：

$$u_t\tau_t[W_t^1 L_t^1 + R_{Kt}^1 K_t^1 + \prod_t^1] + u_t\tau_t[W_t^2 L_t^2 + R_{Kt}^2 K_t^2 + \prod_t^2] = g_{ct} + g_{pt} + tr_t^1 + tr_t^2$$

(19)

上式左边表示中央政府从经济强区、经济弱区分别取得的税收分成；上式右边是中央政府全国性民生支出、投资支出、给强区的转移支付和弱区的转移支付[①]。

(六) 市场出清条件

按照支出法，汇总代表性家庭、地方政府、中央政府和中间产品厂商的净支出，可以得到市场出清方程如下：

$$C_t^1 + K_{t+1}^1 - (1-\delta)K_t^1 + g_{ct}^1 + g_{pt}^1 + u_t\tau_t q_t^m m_t - \zeta^1 g_{zt}^1 + (q_t^m m_t^2 - q_t^n n_t^1) = Y_t^1 \tag{20}$$

$$C_t^2 + K_{t+1}^2 - (1-\delta)K_t^2 + g_{ct}^2 + g_{pt}^2 + u_t\tau_t q_t^n n_t - \zeta^2 g_{zt}^2 + (q_t^n n_t^1 - q_t^m m_t^2) = Y_t^2 \tag{21}$$

以上出清方程中，ζ^1 是经济强区给该地区家庭的转移支付损耗率（可视为行政支出中给公务员的工资，也可视为政府的税收征管成本），$(q_t^m m_t^2 - q_t^n n_t^1)$ 是经济强区的净出口，$(q_t^n n_t^1 - q_t^m m_t^2)$ 是经济弱区的净出口。

四、参数校准

由于本书是基于中国财政背景进行的分析，因此本报告部分参数不采用贝叶斯方法进行估计，直接使用中国社会经济和财政数据进行现实中的参数校准，再采用求解非线性方程组的 Broyden 方法获得稳态值[②]。另外，由于财政工作和财政数据通常以预算年度作为统计和编排频率，因此，自 2007 年政府预算制度改革后同一口径的财政数据较少，难以进行贝叶斯估

---

① 中央政府的民生支出和投资支出是全国性的，因此对经济强区和经济弱区等量提供，例如，国防、医疗保险、全国超大型基础设施建设等；另外，中央政府发行债券资金多用于转移支付给地方政府，投资于具有一定区域外溢性的基础设施，因此，本报告假定中央政府不举债，全部由地方政府举债。

② Broyden 数值求解变量稳态值的方式思路是：假定几个变量中至少有一个是能通过推导或猜测出稳态值，然后利用这个变量稳态求出剩余 N-1 个变量的稳态取值，再利用最后一个系统方程对原推导或猜测的稳态值进行修正。

计。从整体看，本书需要估计的参数包括：

（1）家庭部门：σ、ω、β、δ、a_n^1、a_n^2、ε；

（2）最终产品厂商：θ、ρ；

（3）中间产品厂商：χ、α_1、α_2、ϕ。

通常情况下，财政模型的每一期对应 1 年，对于家庭部门效用函数的 σ，参考张伟等（2014），设定为 2。对于政府民生支出与私人消费支出相对重要替代弹性 ω，参考黄赜琳、朱保华（2015），校准为 0.35；对效用的跨期贴现因子 β，校准为 0.994（李天宇、张屹山，2021）；每年资本折旧率参考前人设定为 0.1，即资本每年折旧 10%（黄赜琳、朱保华，2015）。对于经济强区、经济弱区的劳动力厌恶系数 a_n^1、a_n^2，参考吴化斌等（2011），设定前者标准化为 1，后者为 1.35；中央政府和地方政府民生支出的替代系数 ε，设定为 0.5，即中央政府和地方政府民生支出可以完全替代，这是因为对两地群众来说，民生支出是来自中央还是地方是等效应的。

对厂商来说，生产函数中不同中间品投入占比 θ，中间品边际产出弹性 ρ，参考 BKK 模型，分别校准为 0.25 和 0.2；中间产品厂商政府投资支出的重要性校准为 0.1（饶晓辉、刘方，2014）；中间产品生产过程中，强区和弱区资本投入占比 α_1、α_2 分别校准为 0.4778、0.4011（朱军，2018）；对中间产品厂商，中央政府和地方政府投资支出的参数 ϕ 校准为 0.25，也就是说，中央政府投资支出对生产函数的作用效力弱于地方政府，这与经济现实情况保持一致：地方性公共基础设施，相对全国性公共基础设施更加重要。

一中央两地方财政分权 DSGE 模型参数校准值见表 5-1。

表 5-1　　一中央两地方财政分权 DSGE 模型参数校准值

参数	释义	校准值
σ	消费对效用的跨期替代弹性	2
ω	政府民生支出与私人消费支出相对重要替代弹性	0.35

续表

参数	释义	校准值
β	跨期贴现因子	0.994
δ	资本折旧率	0.1
a_n^1	强区劳动力厌恶系数	1
a_n^2	弱区劳动力厌恶系数	1.35
ε	中央政府和地方政府民生支出的替代系数	0.5
θ	不同中间品投入占比	0.25
ρ	中间品边际产出弹性	0.2
χ	中间产品厂商政府投资支出的重要性	0.1
α_1	强区资本投入产出占比	0.4778
α_2	弱区资本投入产出占比	0.4011
ϕ	中央政府和地方政府投资支出重要性参数	0.25

接下来，要对财政政策冲击（中央分成比率 u_t、统一税率 τ_t）的参数进行校准，本报告使用实际财政分成数据进行估值。本报告考察的是地方政府收入分成占比冲击的影响，即中央政府分成比率 u_t，假定全部满足 AR（1）一阶自回归过程，因此，需要通过实际的地方政府收入分成数据找到以上 AR（1）变量的均值和标准差。通过收集《中国统计年鉴》《中国财政年鉴》《中国税务年鉴》历年税收分成数据，统计分成情况见表 5-2。

表 5-2　　　　　　　　各项税收中央政府占比

对象	C	K	W	u_t
2008 年	64.2%	60.3%	60.0%	62.88%
2009 年	64.0%	60.5%	60.0%	62.84%
2010 年	64.3%	58.3%	60.0%	62.49%
2011 年	63.6%	57.8%	60.0%	61.75%
2012 年	62.6%	56.5%	60.0%	60.69%
2013 年	59.9%	56.4%	60.0%	58.86%
2014 年	59.0%	55.6%	60.0%	57.97%
2015 年	57.3%	54.9%	60.0%	56.71%
2016 年	57.7%	53.9%	60.0%	56.66%

续表

对象	C	K	W	u_t
2017 年	62.7%	52.8%	60.0%	59.32%
2018 年	62.2%	52.1%	60.0%	58.76%
2019 年	62.4%	52.3%	60.0%	58.89%
2020 年	62.6%	52.4%	60.0%	58.88%
均值	61.7%	55.7%	60.0%	59.75%
方差	0.06%	0.09%	0	0.05%
变异系数	3.97%	5.31%	0.01%	3.65%

本报告对以上不同类税收中央政府分成比例的时间序列，通过 MLE 方法得到自相关系数和标准差，校准分成比例外生冲击过程如表 5-3 所示。

表 5-3　　　　　　　动态参数校准结果

参数	释义	校准值	参数	释义	校准值
ρ_u	中央税收分成比例的自相关系数	0.7925	σ_u	中央税收分成比例的标准差	0.1408
ρ_τ	税率的自相关系数	0.3904	σ_τ	税率的标准差	0.0255

最终得到 47 个变量、47 个方程的均衡系统方程组。

五、税收收入分成冲击的动态分析

（一）税收收入央地分成比例对经济变量的影响

图 5-4 展示了在央地税收收入分成情况下，经济整体、经济强区 1、经济弱区 2 受央地分成冲击对经济变量的动态影响。从左到右分别是经济整体、经济强区 1、经济弱区 2 的响应图。其中，第一行是消费，第二行是经济总产出，在 Dynare 命令中用 gdp 表示，第三行是地方政府获得收入

后对当地的投资支出变量响应情况。

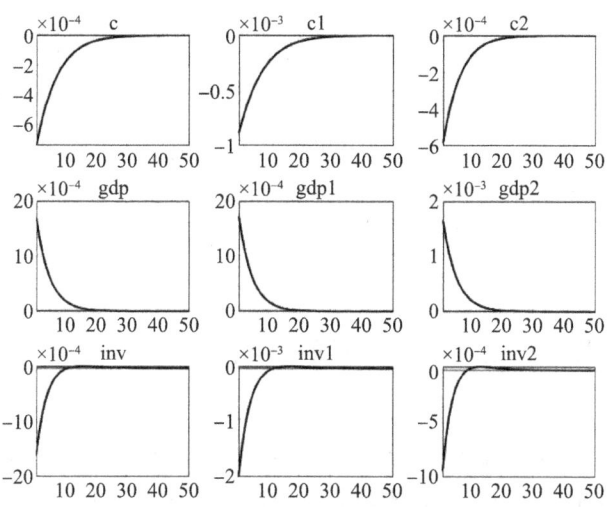

图 5-4 央地税收分成冲击对两区经济变量的脉冲响应

通过观察图 5-4 可以得到以下结论：①不论是对经济发达地区还是经济欠发达地区，提高中央政府税收收入分成比例，将降低家庭部门消费水平；②从影响强弱看，提高中央政府税收分成比例，降低地方税收分成比例，对经济强区的影响要大于经济弱区；③从经济产出水平看，提高中央政府税收分成比例将提高各地区经济发展水平，对经济弱区经济总量的影响稍许大于经济弱区；④对家庭部门投资来说，提高中央税收分成比例，将挤出民间投资水平，同样地，对经济强区的挤出作用更大（经济强区为 -0.002，弱区为 -0.001 左右）。

以上经济变量对中央税收分成比例的脉冲响应充分说明，中央政府提高税收收入份额，从长期看，更有利于提高整体经济水平；但从短期看，将削弱经济强区的居民消费水平和民间投资水平。提高中央政府税收分成比例的具体路径机制是：提高中央分成—地方收入减少—地方政府投资减少—经济产出减少—家庭资本边际报酬率和劳动报酬率降低—消费和投资减少。因此，在地方政府直接面向厂商提供基础设施的情况下，提高中央税收分成比例将快速减少全国各地区的消费和投资，但通过中央的全国性投资支出，国家层面的经济总产出将增加。

以上分析与中国财政分权现实情况基本一致。杨志勇（2022）对财政体制指出，经济强区倾向于先分配再集中，经济弱区倾向于先集中再分配，即经济更强的地区更倾向于留存税收分成，然后接受中央政府二次分配；经济弱区则倾向于让中央政府集中源自当地的税收收入后，再以自身经济偏弱地位争取上级更多的转移支付，将财政事权对应支出责任上移上级政府承担。

（二）税率变化对经济变量的影响

使用中国经济数据模拟税率对经济变量的冲击则得到相对悲观的结论。从图5-5分析可见，提高税率导致所有经济指标恶化。

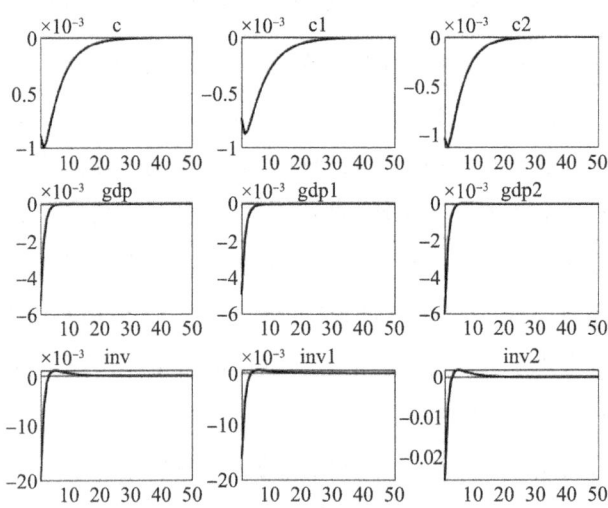

图5-5 税率冲击对两区经济变量的脉冲响应

提高税率水平降低了经济强区和经济弱区的代表性家庭消费水平，其中经济弱区消费水平下降得更快，这是因为经济弱区家庭消费进入效用函数相对劳动的影响力更大，当提高税率，直接导致家庭可支配的劳动收入和资本报酬收入减少，预算约束方程强制家庭降低消费，但由于弱区家庭厌恶劳动的系数越高,因此降低消费的水平更大。换言之,增加税率,家庭遭受增税的收入效应大于替代效应,并且经济弱区的收入效应相对经济强区更大,消费下降的幅度更大。

同时,经济发展水平也出现下降。当提高统一的税率水平,虽然中央和地方政府能够获得的收入增加,但以下几个方面的原因将导致经济产出减少:一是存在征税成本,即转移支付损耗,也就是市场出清方程中的 $\zeta^1 g_{zt}^1$ 和 $\zeta^2 g_{zt}^2$,这部分支付给公务员的工资增加,虽然提高了少量家庭的收入,但导致了整个经济体的产出损失;二是 gdp 响应冲击而降低说明,现阶段如果直接提高税率,将原来的民间投资转为政府投资,无法提高整个经济体的全要素生产率,也就是说,将资本交给政府后向社会增进的生产效率,低于民间投资,从现有基于中国经济社会数据的参数情况看,不应该提高税率挤出民间投资;三是经济弱区对税率更加敏感,增税对经济弱区的影响更大,这是因为经济弱区中间产品生产函数的资本比例偏小,经济弱区更加依赖政府投资支出对经济的促进作用,因此,增税对弱区的经济影响更大。同样地,增税将导致各地区民间投资减少,产生税收的"挤出效应"。

(三) 传导机制分析

从中央分成比例观察,提高中央分成比例,将减少消费,提高总产量;提高税率,将导致经济变量全面下滑。是什么原因导致以上结果呢?本报告认为可从以下三个方面分析:

一是家庭投资的响应机制。经济发展离不开家庭主动增加中间产品资本跨期投资,但提高中央分成比率和税率,将使家庭决策者产生收入效应和替代效应:①中央政府分成增加,则强区和弱区家庭决策者认为,其上缴的税收有可能被用于其他区域,因此在此基础上,家庭对中央和地方政府征税带来的全要素生产率提高机制,产生更不信任的感觉,即强化家庭对税收更高的"无偿性"预期,因此会全面降低投资;②提高税率,将使资本投资的报酬率降低,因此产生严重的收入效应,在劳动力总量固定或存在黏性的情况下，势必导致整体经济下行；③中央政府投资增量，一定程度会弥补以上收入效应，相对地方投资产生一定的替代效应，可能通过中间产品生产函数的全要素生产率增进经济总量。

二是家庭劳动的响应机制。从以上脉冲响应分析发现，中央政府和地方政府的投资支出具有正外部性，一方面能提高家庭消费对效用函数的影响力，另一方面能提高中间产品厂商全要素生产率。但征税也会导致家庭劳动收入降低，家庭由此产生收入效应，降低消费和投资。税率提高的收入效应超过政府支出的正外部性，从而导致经济整体情况变差。对于中央政府收入分成冲击，中央政府拿走更多税收，将导致社会产出更多流向经济弱区，更多用于征税和行政损耗，因此分成冲击后，虽然整体经济情况变好，但家庭部门境遇变差。

三是居民家庭的跨期决策反应机制。任何家庭在预判到政府强化税收征管努力或中央政府提高分成比例后，首先想到的是减少消费和投资，将更多财富储存起来用于未来消费，而不是增加消费。当居民家庭发现中央政府的财政收入有可能用于其他区域，而非本区域时，更会强化自身的储蓄倾向，减少当期的消费和投资。

由以上分析可知，提高中央税收分成比例、提高税率将使居民家庭的收入降低，受外生冲击影响，消费和投资均将降低，但中央提高分成比例，再转移支付给地方，将使经济总产出提高。

（四）投资支出路径分析

从以上传导机制分析可知，从中国经济社会数据计算出的参数和方程显示，提高税率以巩固地方政府收入体系的方法不可取，增加中央政府税收分成比例虽然短时间可能降低家庭部门的消费和投资，但长期会增加经济产出。现阶段，各地政府均有扩大投资从而稳定经济的冲动，那么地方投资支出是否会提高经济效率呢？

图5-6和图5-7的脉冲响应分别显示经济强区投资支出和经济弱区投

资支出对经济变量的影响。首先，从消费的响应情况观察，提升经济弱区的投资，对全社会消费的作用更强，响应力度更大。其次，经济强区增加政府投资，将使经济强区的居民消费增加，使经济弱区的居民消费减少。这是因为增加政府投资的地区，将使资本报酬率增加，该地区居民收入增加而使消费增加；而通过中间产品的价格机制，经济弱区进口经济强区的中间产品价格升高，因此，为了确保最终产品足量供应，经济弱区只能接受经济强区较高价格的中间产品，从而导致经济弱区居民收入减少，消费下降。

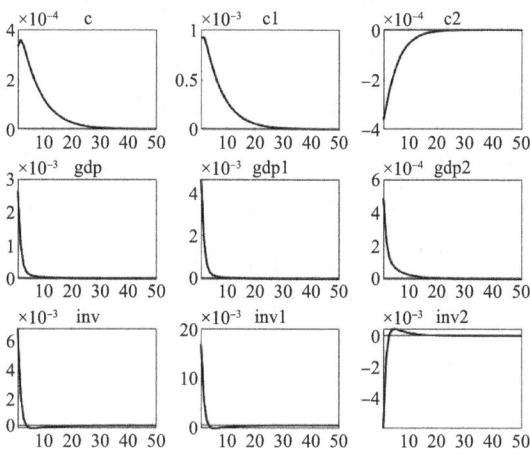

图 5-6 经济强区投资冲击的脉冲响应

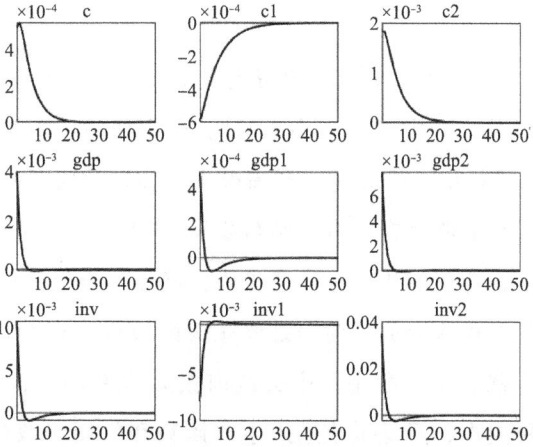

图 5-7 经济弱区投资冲击的脉冲响应

从GDP情况看，增加经济弱区的投资更加有效。从政府投资的脉冲响应观察，哪个地区率先增加政府投资，则该地区的GDP率先增长，这解释了为什么地方政府倾向于通过投资获取本地经济增长优势。但经济弱区增加投资更加高效，从图5-6和图5-7整体GDP的响应可以看出。因为当经济弱区增加投资，则会弥补经济弱区资本偏少的境遇，提高经济弱区的产出效率，提高经济弱区中间产品的产品产量，降低边际成本，从而导致整个经济体效率提升。

最后，政府投资具有溢出的投资抑制效应。从图5-6和图5-7的脉冲响应冲击可以发现，本地区政府增加投资将使本地区投资增加、其他地区投资减少，出现溢出的投资抑制效应。地方政府对经济强区增加投资支出，将提高本地区民间投资的边际报酬率，使本地区家庭增加投资规模，获得更多收入支撑消费；但经济强区的投资增加将通过中间产品机制降低其边际成本，而使经济弱区区增加对经济强区的中间产品需求，替代经济弱区价格更加高昂的中间产品，从而使经济弱区减少家庭投资，产生溢出的投资抑制效应。反之亦然。

六、理论模型的总结与建议

本章从中央分税比例、税率、投资支出角度对经济主体如何响应财政政策冲击问题进行了深入研究。"一中央两地方"政府的DSGE模型充分说明，以中国经济数据模拟的参数显示，提高税率以实现政府民生、投资的增长，进而推动经济增长的路径在既有宏观数据下不可行；在税收收入效应占主导地位的情况下，应该加快减税降费步伐，确保地方经济稳定健康发展。

提高中央政府税收分成，前提是要减少财政税收资金流向中央政府过程中以及往下转移支付过程中、中央政府投入家庭和厂商过程中的损耗，例如，削减征税成本，降低税收进入生产函数和效用函数的损耗，力争以最低的成本使所有中央级财税资金顺利进入地方基层生产函数和效用函数，使财政资金发挥最大的效力，推动各地区和整体经济发展。

另外，一个地区政府的投资性支出，将产生外溢的投资抑制效应。也就是说，强区的政府公共投资能带动强区经济发展，但会通过中间产品抑制弱区经济发展。各地政府具有扩大自身政府投资的倾向，相互间存在政府公共投资竞争冲动，大部分地方政府可能倾向将收入用于地方的公共投资，因此有必要从中央层面对地方政府预算支出进行约束。

本书结论指出财政上完全放权给地方政府，将激发地方政府公共投资冲动，挤出家庭部门的消费和投资，因此有必要对地方收入体系进行调整。本章认为可从以下几个方面抑制财政分权体制的负面效应：

第一，进一步细分中央和地方事权与支出责任，减小财政资金转移损耗。在已有事权与支出责任方案基础上，加快构建权责清晰、财力协调、区域均衡的中央和地方政府事权与支出责任关系，确保"钱随事转"，促使中央向地方、地方向家庭部门的财政资金保持高效运作，减少共同事权和委托事权，消除中央和地方事权模糊地带，避免事权模糊地带导致中央和地方财政资金出现损耗。

第二，在理顺各项事权基础上，稳步扩大中央分成。中央分成提高后，有助于提高经济整体产出，建议将各要素税、商品税集中为中央税，提高要素全国配置效率的同时，促使地方政府转为以具有较强地域性的财产税为主，增强地方政府民生事权主体责任。

第三，提高中央政府对各地财政投资支出的统筹能力。由于地方政府投资存在外溢的投资抑制效应，容易诱发各地投资竞争行为，中央政府应强化对地方政府投资项目的审批，避免地方政府间因投资行为产生过度竞争，进而扭曲经济主体市场选择行为。

第四，增加对经济弱区专项转移支付。经济弱区自身资本报酬率较高，但受制于区域因素往往很难得到民间资本青睐，中央政府可适当提高对经济弱区的投资性专项转移支付，或将经济弱区投资事权转为更高一级政府事权，加快经济弱区基础设施建设，提高财政支出公平性，进而扭转经济结构失衡。

第六章　省以下地方收入体系改革的效应分析

省直管县财政试点工作是改革地方收入体系的重大实践，是中央对地方政府优化收入体系的一次广泛尝试，目标是推进基本公共服务均等化，满足人民日益增长的美好生活需要。省直管县财政改革的重要作用在于提升县级政府的财政地位，改善其财政信息传递渠道，从而调动县级政府的积极性，提高其经济发展水平。同时，省直管县改革也能够增强县级政府间的财政竞争，促进县域经济发展。需要注意的是，改革后，原则上市级政府不再对试点县进行补助，县级政府所能获得的转移支付取决于省级政府的财力，这也一定程度上增加了省级政府的管理难度。

具体分析，省直管县可从以下几个方面作用于地方基层收入体系：

（1）收支划分方面。在收入方面，归为直管县后，地方税收收入和非税收入直接划归到试点县，市级财政不能分享来源于试点县的地方税，减少了县级收入划分层级，提高了县级政府的留成比例，夯实了县级政府财力基础。

（2）转移支付方面。纳入省直管试点县后，省财政直接核定转移支付到县财政，减少转移支付的经手的政府层级，避免资金闲置。

（3）资金往来方面。由省财政直接确定各市、试点县的资金留解比例，预算执行中的资金调度及往来款项由省级财政直接拨付到市和试点县。

（4）预决算方面。省财政与试点县直接建立预决算制度，提高财政运行效率。部分省份的试点县，仅在统计上纳入全市财政。

（5）结算方面。省财政直接与试点县级财政进行结算，避免省县间财政层级过多导致资金运转低效。

为有效评估省直管县对基本公共服务均等化是否有效夯实地方收入体系，进而推进基本公共服务均等化，本章选取广东省 57 个县为研究样本，以 2009—2020 年各项公共服务支出和社会经济面板数据为基础，采用多期 DID 方法，识别出省直管县对基本公共服务均等化的因果处置效应，并从财力增加和投资挤出两个方面证实了政策效应的内在机理。本章的研究发现，通过增加县级财力，省直管县显著提高了地域属性强的公共服务均等化水平，直管后试点县教育生均支出和城乡社区人均支出显著提升 24 个百分点，但省直管县对地域属性弱的公共服务影响不显著。以上结论为进一步调整优化省直管县财政改革的范围和方式，优化地方政府收入体系提供了理论支持。

一、省以下地方收入体系改革的相关背景与问题的提出

（一）省以下地方收入体系改革的相关背景

省以下财政体制是政府间财政关系制度的重要组成部分。中华人民共和国成立以来，在党中央集中统一领导下，各地不断探索完善省以下财政体制，部分地区在提高资源配置效率，推进基本公共服务均等化等领域取得积极成效。党的十九大后，全面建设社会主义现代化国家的新征程已经开启，围绕"加快推进基本公共服务均等化"决策部署，党中央、国务院提出"健全省以下财政体制，增强基层公共服务保障能力"的重大课题，以更好更快满足人民日益增长的美好生活需要，更加积极发挥财政在国家治理中的基础和重要支柱作用，最终实现国家长治久安。2022 年 6 月，国

务院办公厅发布《关于进一步推进省以下财政体制改革工作的指导意见》（以下简称《指导意见》），对如何进一步界定省以下事权与支出责任、理顺收入关系、完善转移支付、健全调整机制、规范财政管理五个方面设计顶层框架，以促进加快建设全国统一大市场，推进基本公共服务均等化。

作为省以下财政体制改革工作的现实实践，省直管县财政改革试点工作（以下简称"省直管县"）从一开始，就受到各级党委、政府和学者的高度关注。1994 年分税制改革后，省以下分税制财政管理体制改革没有实质性进展，导致省以下各级政府"财权上移、事权下移"，部分县乡政府出现财政困难（邓子基、唐文倩，2012）。省直管县试点落地后，由省、县两级财政在收支划分、转移支付等方面直接建立业务联系，减少政策传递和资金拨付环节，增强政策和资金的精准性和快捷性，进而提高财政资金运作效率，壮大县级财力，增强基层公共服务保障能力。2004 年，各地陆续推行省直管县试点，提高县级政府的税收分成比例和转移支付规模，一方面提高了税收自主权，另一方面增加了转移支付规模，更好地满足了辖区居民的公共服务财政资金需求（刘勇政等，2019）。随着省直管县的持续推进，有必要选取先行示范省份检验改革试点对县域不同类型基本公共服务均等化的政策效应。特别是《指导意见》明确提出"因地制宜逐步调整优化省直管县财政改革实施范围和方式"的要求后，急需对已有试点县域各类基本公共服务均等化政策效应和内在机理进行深入研究，为支持调整优化省直管县的范围和方式提供理论依据。

（二）省以下地方收入体系改革问题的提出

1994 年分税制改革后，得益于社会主义市场经济体制的建立，地方政府的行动指针更明确，动作力度更大，改革抓手更多，特别是通过抓大放小、淘汰落后产能、吸引外资、发展民营经济，使中国经济实现腾飞，创造了世界奇迹。但在取得非凡成绩的同时，也不能不看到，中国存在着税制结构长时间固化、中央和地方、地方和地方间的收入严重不平衡的问题。特别是中国税制改革过程中，全面"营改增"一方面使地方政府收入规模大幅降低，另一方面也使地方政府税收优惠的自由裁量权缩减了不少，从而导致制造业等资本密集型产业税收负担过重；同时，增值税完备的征纳设计，例如销项征收、进项抵免、联网开具发票等举措，对企业造成较高的纳税成本。因此，在政府事权分为投资事权和民生事权的情况下，应该如何设计最优中央和地方政府税收分成结构，使省以下地方收入体系在分税制框架下供给最优水平基础设施和公共服务，实现经济快速发展。因此，基于中国现实背景，省以下地方收入体系改革究竟如何推进？省直管县促进基本公共服务均等化的内在机理是什么？这些都是省以下地方收入体系改革必须涉及的问题，也是学术界和政策制定者关注的焦点问题。

二、省以下地方收入体系改革的制度背景与研究假设

（一）制度背景：广东省直管县概况及其样本意义

"省直管县"是以基本公共服务均等化为落脚点的开创性探索，是中国行政改革与创新的先行试点。中华人民共和国成立后，省、市、县的政府间关系一直处于动态调整中。自1983年以后，"市管县"体制迅速发展成熟，很大程度解决了社会转型过程中行政区和经济区磨合问题（吴金群，2010）。2001年前后，"农村税费改革"大幅压缩了县级政府可用财力。2002年，为解决部分县级政府财政困难，浙江、广东等地开始试行省直管县财政的尝试。2005年，财政部印发《关于切实缓解县乡财政困难的意见》，开始推行省对县财政管理方式改革试点，之后"十一五"规划明确提出"理顺省级以下财政管理体制，有条件的地方可实行省级直接对县

的管理体制"。2009年,财政部预算司发布《关于推进省直接管理县财政改革的意见》(财预〔2009〕78号),对省直管县财政试点制定详细规则,要求先将粮食、油料、棉花、生猪生产大县全部纳入改革范围,保证市县既得利益的前提下,通过省直管县增强基层政府公共服务保障能力。

广东作为改革开放前沿阵地和经济发达地区,率先展开省直管县各类改革。改革开放后,广东经济发展极不平衡,珠三角地区经济极强,东西两翼和山区较弱,经济基础的巨大差异造成公共服务区域发展不均衡问题十分突出(李玉红、王皓,2010)。例如2009年,广东省67个县和县级市(以下统称"县")一般预算收入仅占全省8.08%,人均可支配财力仅为全省人均可支配财力水平的40%左右(戴运龙,2010)。早在2005年,广东开始试点"扩大县级政府管理权限",第一批试点覆盖15个县,扩大的县级政府管理权限包括市场准入、企业投资、外商投资、资金分配和管理、税收优惠及部分社会管理等市场管理事务,但实施过程受到外部干扰,市级机构存在"惜权"思想,使扩权政策落实不到位(王玉明、刘湘云,2010)。2010年,遵循财政部关于省直管县五个方面要求,从顺德区开始,广东拉开省直管县序幕,分别于2010年、2012年、2013年、2014年、2015年,分5批次,选取35个县(含县级市)开展省直管县财政试点,目的是壮大县级财力,增强县级保障能力,最终落脚点是提高公共服务水平。至2020年年末,广东省直管县共计35个(非省直管县共22个),占全部县和县级市总数的61%。根据试点方案,试点县的地方税收收入、共享税收入、非税收入,除中央和省级收入外,归县级财政所有;转移支付、税收返还、所得税返还等由广东省财政直接核定并补助到县;如果上级市与试点县有结算事项,必须通过省财政办理。

试点开始后,广东省在中央分税制财政体制框架体系下,已构建较为完备的省级与各市、省与各直管县的财政收入划分、事权与支出责任、转移支付框架。

首先,收入划分方面,广东省自1996年开始在中央分税制改革基础上,实施分税分成体制。通过适当增加省级财力,提升省政府推进基本公共服务均等化的能力。2010年，广东省印发《调整完善分税制财政管理体制实施方案》，规定所得税、土地增值税等地方收入分成部分，由省与市、省与直管县"五五"比例分享；增值税、房产税、车船税、资源税等其他税收收入，地方收入部分全部归属各市和各直管县（广东省人民政府，2010），自此广东税收分成体制保持长期稳定。

其次，事权与支出责任划分方面，基于中央和地方事权与支出责任划分规则，广东开展省与市县财政事权与支出责任划分改革。2017年广东省政府印发《广东省省级与市县财政事权与支出责任划分改革实施方案》，适度加强省级财政事权，将受益范围地域性强、信息较为复杂、主要与当地居民密切相关的基本公共服务，确定为市、县财政事权，具体包括城乡社区事务、城乡规划等；将义务教育、基本医疗和公共卫生等确定为省与县共同事权。之后，广东省参考中央文件，对教育、医疗卫生、交通运输等8个领域基本公共服务，制定省与市、省与直管县财政事权与支出责任划分方案。部分方案包含市县"统一分类分档名单"，原中央苏区和海陆丰革命老区困难县、少数民族县划定为第一档，省级财政负担大部分支出责任；将除第一档外的北部山区、东西两翼县设定为第二档，省级财政负担50%~85%支出责任；第三档为珠三角地区财力薄弱县，省级财政负担30%~50%；剩余珠三角地区各县划为第四档，省级财政负担30%以下支出责任。

最后，在转移支付方面，广东省面向经济欠发达区县建立均衡性转移支付办法，以实现基本公共服务均等化。根据2019年《广东省省对市县均衡性转移支付办法》，省财政对粤东西北三大区域和珠三角欠发达县，采用标准收支差额比例划分法，给予4类补助：标准收支差额补助、基本公共服务均等化补助、偏离度调整机制、奖励补助。文件规定，对均衡性转移支付资金，不规定具体用途，下级政府根据当地实际情况统筹使用。依据公开信息，2021年广东省下达各市县均衡性转移支付金额540.67亿元。

从开展省直管县试点和体制制度建设情况看，广东省循序渐进扩大试点范围，赋予县级政府更多财政收入和财政管理权。同时，在体制算法上压实县级政府推进基本公共服务均等化的主体责任。选取广东各县，作为评估省以下财政体制如何影响各项基本公共服务均等化的研究样本，具有合理性。首先，广东的省以下财政体制改革工作，遵循中央财政体制改革原则和框架进行，代表了经济前沿省份财政体制改革的基本全貌。其次，广东的省直管县财政改革试点，采用逐步推进策略，且长时间保持政策稳定，确保了研究数据的可得性、持续性和完整性。再次，广东省内经济差异大，既有经济发达的珠三角地区，又有欠发达的北部山区和革命老区困难县等省直管县照顾对象，样本符合政策处理条件和对照差异性。因此，选取广东省内各县作为样本研究省直管县推进各项基本公共服务均等化的政策效应和内在机理，符合政策研究所需条件。最后，我国幅员辽阔，各省的社会、经济、文化差异巨大，省以下财政体制改革推进进度不一，部分省份出现政策反复，很难控制全部省份的不可观测因素对基本公共服务均等化的影响。选择广东省内各县和县级市，能确保样本个体间受外生因素干扰较少，避免采用全国样本导致遗漏变量等内生性问题。

（二）研究假设：省直管县促进基本公共服务均等化的内在机理

国内外对财政体制的研究围绕"财政联邦主义"理论展开，认为政府间财政关系或财政体制，是一种政府间微妙的动态平衡过程，没有适用各国的最优模式（Oates，2005）。自1994年分税制改革后，如何改革中国省以下财政体制，学术界进行了规范研究。20世纪90年代，受制于种种因素，中国省以下财政体制迟迟不能真正进入分税制的规范状态，部分省份仍然在执行"总额分成"的省以下财政体制（贾康、刘薇，2017）。2002年以后，中国加入WTO，经济快速发展和城乡经济结构巨大变化，对"市管县"财政体制提出挑战。全国财政收入高速增长的同时，县乡财政运转出现困难，县乡义务教育和公共卫生体系缺陷问题成为社会焦点。部分学者参考我国"郡县制"行政管理历史，认为应通过权力分配强化县级政府，以县级财政为重点整合地方财政（孙开，2011；吕冰洋，2019）。采用事权划分的"中央—省—市县"三级体制，既可以夯实基层财力，又可以减少行政成本（贾康、阎坤，2005），建议在财政上推动"三级财政"，从顶层往下设计省以下分税制体制的蓝图（邓子基、唐文倩，2012）。

我国的省直管县财政改革试点，是"扁平化"行政管理的一次自然实验，也为实证研究提供了宝贵数据。以"省直管县"为对象的实证研究工作，多数聚焦省直管县是否促进经济增长和提升公共服务水平两个方面。对能否促进县域经济增长问题，尚未有一致结论。以人均 GDP 为指标的全国县级数据实证结果表明，省直管县可能削弱对财政支出的监督力度，一定程度会阻碍经济发展（Li et al., 2016）；省直管县后，县级政府可能增强税收征管力度，抑制县域经济发展（贾俊雪等，2013）。但控制经济分权和财政分权指标后，省直管县工作一定程度赋予县级政府经济分权，能够促进县域经济增长（才国伟、黄亮雄，2010；郑新业等，2011）。同样地，对能否促进各项基本公共服务总量增长和均等化，学者使用不同指标的结论也不一致。以交通基础设施为公共服务变量的研究发现，省直管县能显著提高县域公路里程，提高公共基础设施供给（叶杰、陈新，2021）。但县级政府在获得财政自主决策权后，有可能出现"重基建、轻民生"的支出倾向，压缩基层教育、科技、医疗等基本公共服务支出（陈思霞、卢盛峰，2014），以个别省份教育支出的实证检验证实了以上结论（赵海利等，2018）。

理论上，省直管县可从以下两个方面作用于各项基本公共服务供给。一方面，是收入增加效应。省直管县能增加试点县财政收入，提升财力，促进均等化。因为省直管县能让试点各县，直接与省级财政分享收入，减少了财政资金在市级政府间的截留摄取，增强县级政府财政收入自给能力和支出自主能动性，因此，地方政府能从规模和效率上更好地满足县以下居民对公共服务的需求（Rodden, 2003；刘勇政等，2019）；另一方面，是投资挤出效应。省直管县带来的转移支付资金，作为省对县级政府的无偿性补助，对县级官员可能是"公共池"资源，县级官员会对省级支出责任和转移支付产生"兜底"预期,弱化县级政府对基本公共服务的支出强度,挤出财政资金用于固定资产投资等,实现政治激励或财政激励(吕冰洋、陈怡心,2022)。因此,理论上省直管县对公共服务均等化的影响方向难以得出一致结论。

值得注意的是,对基本公共服务均等化的讨论,很少关注服务的特质属性,例如公共服务的地域属性、生产属性等,但这些属性很大程度影响政府公共服务供应决策(Arends,2020;庞伟、孙玉栋,2022)。有些公共服务有较强的地域属性,例如,与学生户籍严格绑定的义务教育,受益范围地域属性强的城乡公共基础设施;有些公共服务的地域属性较弱,例如,居民享受医疗和社会保障服务,可以"用脚投票",跨区就医和跨区就业会打破公共服务地域属性。有些公共服务的生产属性较强,例如,城乡公共基础设施,能显著提升当地运输效率和生产力水平;有些公共服务的生产属性较弱,例如,主要面向老人、小孩的社会保障、卫生健康公共服务。县级财政调配资源的总量和能力相对市政府更弱,从自身支出绩效和政治激励角度分析,有可能在省直管县后,将财政资金投向地域属性强、生产属性强的义务教育、城乡社区等公共服务。对于居民容易"用脚投票",地域属性和生产属性偏弱的卫生健康、社保就业等,县级政府可能让渡于地级市政府承担财政事权与支出责任。

如何调整完善省直管县改革范围和方式,促进各项基本公共服务加快实现均等化?这一问题不仅关系到今后中国基本公共服务发展战略和省以下财政体制改革路径的选择,也会影响现代公共财政理论和政府治理理论的未来发展方向。现阶段的实证研究大多采用地级市数据,或采用早期的《地市县财政统计资料》数据,距今时间太长,使用近期县级财政公共服务具体科目支出数据检验政策效果的研究较少。因此,有必要使用最新数据,对省直管县推动各项公共服务均等化的政策效应进行更进一步的挖掘。

鉴于此,本章研究提出如下研究假设:省直管县对各项公共服务的政策效应不同——省直管县能提高地域属性和生产属性较强的基本公共服务均等化水平。这也意味着省直管县财政体制改革是否有利于基本公共服务均等化，取决于基本公共服务的自身属性。

三、计量模型、变量描述与数据说明

（一）计量模型设定

广东于 2010—2015 年进行的省直管县试点，对各县来说是外生的多期自然实验，因此，此处构建多期 DID 模型评估省直管县作用于县域基本公共服务均等化的政策效应：

$$Y_{it} = \alpha + \beta did_{it} + \gamma X_{it} + \mu_i + \varphi_t + \varepsilon_{it} \tag{22}$$

其中，i 和 t 分别表示县和年份。Y_{it} 是第 i 县在第 t 年的基本公共服务均等化指标，参考《"十三五"国家基本公共服务清单》，使用教育、城乡社区、社会保障和就业、卫生健康 4 类基本公共服务的县、市人均（生均）支出差距衡量。如果县、市公共服务人均（生均）支出差距越小，甚至县超过市，则县域公共服务均等化水平越高。did_{it} 是核心解释变量，某县进入省直管县试点范围后的虚拟变量（i 县在 t 年施行省直管县，则从 t 年开始后 $did_{it}=1$，否则 $did_{it}=0$）。X_{it} 为县级控制变量集，α 为常数项，μ_i 是个体固定效应，φ_t 是时间固定效应，ε_{it} 是随机扰动项。

（二）变量描述

1. 被解释变量：县、市公共服务人均支出差距（Y_{it}）

县域公共服务与市区的差距一直是基本公共服务均等化的关注焦点，与广大人民群众美好生活密切相关。被解释变量计算公式如下：

$$Y_{Edu\_it} = 100 \times (\frac{perEduExp_{Edu\_it} - perCityEduExp_{Edu\_jt}}{perCityEduExp_{Edu\_jt}}) \qquad (23)$$

其中，下标 Edu 是指教育，i 县在行政上归属 j 市管辖。$perEduExp_{Edu\_it}$ 指 i 县在 t 年的生均教育支出（当年教育支出除以当年小学生和中学生数量之和），$perCityEduExp_{Edu\_jt}$ 指 j 市在 t 年的生均教育支出。Y_{Edu_it} 为县生均教育支出与市生均教育支出的差距百分比。如果省直管县后，试点县的 Y_{Edu_it} 增大，说明试点县与全市教育生均支出水平差距降低，教育均等化进程加快。同样地，城乡社区公共服务用下标 $UrbanRural$ 表示，社会保障和就业公共服务用下标 Sec 表示，卫生健康公共服务用下标 Med 表示。

2. 政策变量（did_{it}）

根据前文描述，广东省在 2010—2015 年一共有 5 批省直管县试点。经查阅文件，在文件下发时点至该年年底 12 月 31 日，为过渡期，文件发布第二年开始执行省直管县试点。设定试点县在纳入省直管县试点次年的政策变量等于 1（$did_{it} = 1$），其余未纳入省直管管县试点的县和县级市、试点文件出台之前年份政策变量等于 0（$did_{it} = 0$）。

3. 控制变量（X_{it}）

在研究基本公共服务均等化影响因素的基础上，选取如下控制变量：①人均实际 GDP 对数 $LnRperGDP_{it}$（利用 CPI 指数折算为 2009 年为基期的实际值，取自然对数），用于控制县域经济发展水平对基本公共服务均等化的影响；②第二产业增加值占 GDP 的比重（$SecondIndustry_{it}$），用于控制产业结构的影响；③全社会固定资产投资占 GDP 比重（$Inv\_percent_{it}$），用以控制投资的影响；④政府规模（Gov_scaleR_{it}），即政府一般公共预算收入规模占 GDP 比重，用以控制政府对社会资源的配置能力；⑤财政激励（$Fiscal\_Incentive_{it}$），即县财政收入占市财政收入比重，用以控制省市政府对县级政府的财政激励机制（吕冰洋、陈怡心，2022）；⑥人口密度（$PopDensity_{it}$），用以控制县域人口规模和分布对公共服务均等化的影响。

(三) 数据说明

实证使用的是 2009—2020 年广东省 57 个县和县级市数据,数据来源于历年《广东统计年鉴》《中国县域统计年鉴》、各县所属地级市《统计年鉴》。部分公共服务支出数据通过手工搜集各县历年财政决算总表、预算执行报告、统计公报,予以补齐。此处对原始数据进行如下处理:①由于少数县和县级市政府未公开 2009 年决算分类支出数据,因此,参考前后年份分类支出数据和一般公共预算支出同比增幅进行插值补齐;②因为市辖区的市民,可以同时享受市本级财政和区级财政提供的教育、医疗等基本公共服务[1],市辖区相对其他县市的财政管理和基本公共服务的可比性较差。因此,最终使用的样本剔除了市辖区,只将县和县级市作为考察对象,使用的样本为广东省 57 个县和县级市 2009—2020 年的面板数据,其中省直管县 35 个,非省直管县 22 个。

表 6-1 是样本县的描述性统计结果。57 个县 2009—2020 年各项公共服务,县教育人均支出高于全市平均水平,但按年分类统计发现,2013 年之前,县教育人均支出低于全市人均水平;城乡社区人均支出长期低于全市平均水平,与全市人均支出水平存在差距,但按年统计后发现,该支出差距随年份缩短;县社保就业人均支出远高于全市平均水平,但按年统计发现规律:2015 年之前,各县社保和就业人均支出平均水平低于全市,但 2015 年以后出现大幅上涨,搜集决算表格发现,主要是各县社保支出中,对行政事业单位离退休和居民养老保险补助资金规模增加,可能受年轻劳动力外出就业和本地老龄化影响,县内职工养老保险收入减少,养老金支出更加依赖财政补贴。各县公共预算收入占比较低,均值仅为 GDP 的 5.06%(2021 年全国公共财政收入占 GDP 比例为 17.7%),各县占全市公

---

[1] 市区范围内同时存在市本级和区级基本公共服务支出,市民可以享受市本级财政提供的教育、医疗公共服务,也可享受区财政提供的教育、医疗公共服务,与县基本公共服务存在本质差异,因此剔除市辖区。

共财政收入比例平均仅为9.42%,最低为0.82%。可见,广东各县财力相对全市财力普遍较弱。

表6-1　　　　　　　　变量描述性统计

变量名	样本量	单位	均值	标准差	最小值	最大值
Gap_Edu	684	%	69.05	113.30	-52.71	722.60
Gap_UrbanRural	684	%	-47.36	59.88	-99.65	505.30
Gap_Sec	684	%	396.40	628.10	-86.32	420.50
Gap_Med	684	%	-3.02	42.45	-91.89	476.20
LnRperGDP	684	万元/人	10.02	0.43	8.65	11.32
SecondIndustry	684	%	36.63	12.08	6.89	74.43
Inv_percent	684	%	55.00	24.50	8.98	136.50
Gov_scaleR	684	%	5.06	2.16	1.56	13.58
Fiscal_Incentive	684	%	9.42	6.19	0.82	33.00
PopDensity	684	人/平方千米	386.40	298.10	30.95	1549.31

四、实证检验

(一) 回归结果

表6-2报告了分别以教育、城乡社区、社保就业、卫生健康4类公共服务的县、市公共服务人均支出差距作为被解释变量的回归结果。其中,列(1)、列(3)、列(5)、列(7)仅包含政策变量,未加入控制变量,列(2)、列(4)、列(6)、列(8)加入了控制变量。

教育和城乡社区公共服务的检验结果表明,无论是否加入控制变量,政策变量的系数显著为正,表明省直管县改革试点显著提升了试点县教育和城乡社区公共服务相对全市的人均支出水平,相对非试点县,教育生均

表6-2　　　　　　　　　　　　公共服务分项回归结果

解释变量	教育		城乡社区		社保就业		卫生健康	
	(1)	(2)	(3)	(4)	(5)	(6)	(7)	(8)
did	23.957*	24.182**	19.827**	24.131***	22.469	19.019	2.073	5.656
	(1.79)	(2.07)	(2.23)	(2.80)	(0.26)	(0.24)	(0.34)	(0.84)
$LnRperGDP$		194.582**		56.161		373.226		29.808
		(2.47)		(0.89)		(0.93)		(1.40)
$SecondIndustry$		-2.064		-0.291		-12.596*		0.149
		(-1.61)		(-0.34)		(-1.79)		(0.29)
$Inv\_percent$		-0.714**		-0.445		-4.192**		-0.366***
		(-2.10)		(-1.63)		(-2.14)		(-2.97)
Gov_scaleR		5.198		4.819		-26.926		2.020
		(1.35)		(1.54)		(-1.31)		(1.05)
$Fiscal\_Incentive$		0.553		5.189**		28.873**		0.268
		(0.16)		(2.56)		(2.05)		(0.21)
$PopDensity$		0.114		-0.234**		-1.647***		-0.658*
		(0.91)		(-2.16)		(-2.68)		(-1.70)
$Constant$	-10.524*	-1855.340**	-52.898***	-552.045	-28.227	-2468.004	-5.453	-50.387
	(-1.87)	(-2.58)	(-6.64)	(-0.98)	(-0.98)	(-0.70)	(-1.42)	(-0.22)
个体固定效应	Yes	Yes	Yes	Yes	Yes	Yes	Yes	Yes
时间固定效应	Yes	Yes	Yes	Yes	Yes	Yes	Yes	Yes
Observations	684	684	684	684	684	684	684	684
R-squared	0.765	0.794	0.046	0.120	0.758	0.781	0.104	0.278
Number of id	57	57	57	57	57	57	57	57

注：括号内为t统计量，*表示p<0.1，**表示p<0.05，***表示p<0.01，下同。

支出和城乡社区人均支出较全市平均水平提升了24个百分点。这说明省直管县增强了试点县的财政收入自给能力和支出自主能动性，试点县级政府从规模上增加了教育、城乡社区支出，更好地满足居民对公共服务的需求。但县级政府在支出决策上存在选择偏向，并未同等幅度提升其他公共服务支出水平。

社保就业和卫生健康两项公共服务的检验结果表明，虽然二者政策变量回归系数为正，但不显著。不显著可用两个方面的原因进行解释。首先，社会保障和就业、卫生健康两项公共服务居民可以"用脚投票"，受益范围的地域属性较弱。社会保障和就业服务，受居民就业地点影响。根据产业集聚理论，县内居民更倾向于在市区工作，向市财政缴纳社保。且市政府提供的就业服务更加集中，能发挥服务供应的规模经济效应，县域居民更倾向于在市内享受就业公共服务；卫生健康方面，受疾病轻重程度影响，居民也可以"用脚投票"，遇到中等、重大疾病，倾向于前往市内大型医院就诊，地域属性偏弱[1]。其次，社会保障和就业、卫生健康两类公共服务，对市县政府来说，是"被动型"公共服务，一方面国家制定了社会保险和医疗保障的服务支出标准，另一方面两项支出受辖区居民主观选择影响较大：试点县居民选择市内就业和就医，与其选择县内就业和就医，对市、县政府财政产生支出责任不同。因此，纳入省直管县试点，对社保就业、卫生健康两项地域属性弱、流动性强的公共服务政策效果不显著。

以上回归结果有力地证实了本章的研究假设，省直管县对各项公共服务的政策效应不同，能提高地域属性较强的基本公共服务均等化水平，对地域属性较弱的基本公共服务均等化影响不显著。

（二）平行趋势检验

多期 DID 的前提假设是试点县和非试点县，在省直管县试点政策发布前，基本公共服务的支出变化趋势应该是平行的。基于此，参考包含控制组的事件研究法（ESA）进行平行趋势检验（Jacobson et al., 1993）。平行趋势检验的具体方法为：

---

[1] 据统计，广东各县政府距市政府平均公路距离 77 千米，试点县与非试点县的县市平均距离基本相同。另外，广东已开通大量医疗机构省内异地就医医保直接结算，方便群众异地就医。

$$Y_{it} = \alpha_0 + \sum_{t=-4}^{6} \delta_t D_{it} + \gamma_0 X_{it} + \mu_i + \varphi_t + \varepsilon_{it} \qquad (24)$$

上式中的 D_{it} 是一组虚拟变量，如果 i 县在 $t-1$ 年纳入了省直管县改革，则取值为 1，否则为 0。其余被解释变量和其他控制变量的取值与之前式（22）相同。平行趋势检验重点关注 δ_t 的系数，反映了试点县和非试点县在政策施行后的第 t 年，各项公共服务人均支出市县差距的差异。

由于政策施行前 4 年和后 6 年的数据较少，此处将政策施行 4 年以前、6 年以后的数据汇总到第 4 期和第 6 期。图 6-1 的平行趋势检验结果表明，教育、城乡社区公共服务的在省直管县试点前的系数估计值均不显著，说明试点县和非试点县公共服务支出趋势在省直管县前并无显著差异，两项公共服务通过了平行趋势检验。而社保就业、卫生健康未能通过平行趋势检验。

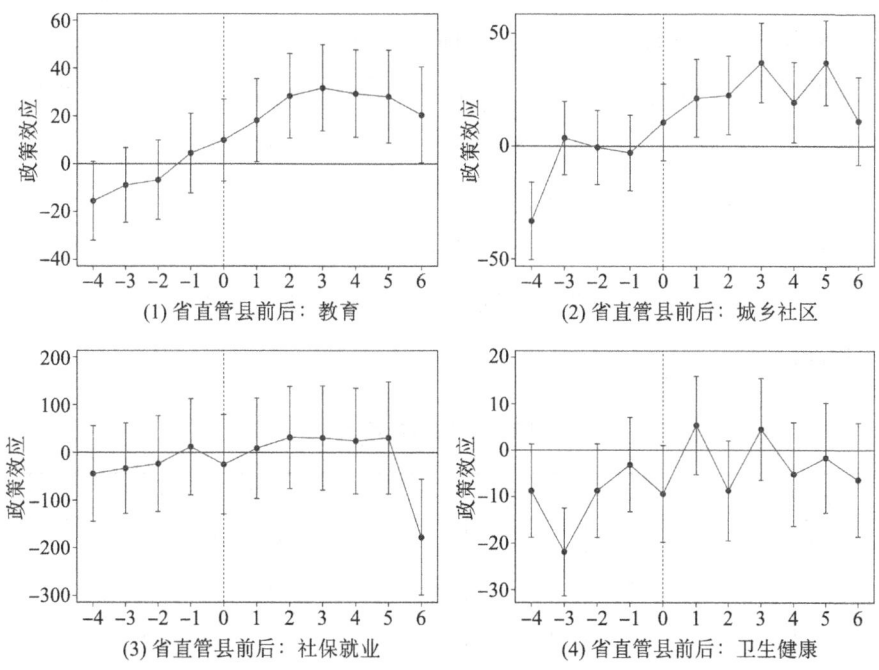

图 6-1 平行趋势检验

注：以上实心点为系数 δ_t 估计值，短竖线为聚类到县个体层面稳健标准误对应的 95% 上下置信区间。

(三) 安慰剂检验

为确保省直管县干预时点前后各试点县和非试点县趋势的变化未受到其他政策或随机因素的影响,作为多期 DID 方法的前提,安慰剂检验可以帮助 DID 估计结果更具备稳健性。使用时间和个体安慰剂检验两种方式,对教育、城乡社区两项公共服务的均等化进行反事实检验。

1. 时间安慰剂检验

时间安慰剂检验的核心思想是虚构省直管县的时间进行估计,如果虚构的政策施行时点后,政策变量系数估计值不显著,那么说明原来时点施行政策的估计结果是稳健的。然后将试点县纳入省直管的时间分别提前 2 年、3 年、5 年,构建虚假的政策时间,分别以 did_2_{it}、did_3_{it}、did_5_{it} 表示,参考式(22)分别对教育、城乡社区两项公共服务县市人均(生均)支出差距进行回归,结果显示系数估计值在 10% 的水平上均未通过显著性检验。

根据表 6-3,结果显示试点县和非试点县在虚构政策时点后的政策效果不显著,再次证明了省直管县试点促进了教育和城乡社区的公共服务均等化进程。

表 6-3 时间安慰剂检验结果

解释变量	教育			城乡社区		
did_2	9.119 (1.57)			7.933 (1.43)		
did_3		10.394 (1.05)			25.420 (1.34)	
did_5			-13.210 (-1.52)			-5.856 (-0.24)

续表

解释变量	教育			城乡社区		
控制变量	Yes	Yes	Yes	Yes	Yes	Yes
时间固定效应	Yes	Yes	Yes	Yes	Yes	Yes
个体固定效应	Yes	Yes	Yes	Yes	Yes	Yes
Observations	684	684	684	684	684	684
R - squared	0.792	0.791	0.790	0.104	0.109	0.099
Number of id	57	57	57	57	57	57

2. 个体安慰剂检验

为避免表 6-2 回归结果受其他不可观测因素的影响，此处参考 Cai et al.（2016）的方法，通过随机抽取试点县进行安慰剂检验。在样本中，随机抽取 20 个县作为虚假的试点县，其余县作为非试点县，可以得到实施省直管县安慰剂的试点县相对非省直管县的政策变量估计值。将以上过程重复 500 次，得到 500 个政策变量系数对应估计值。再绘制估计值的密度分布，图 6-2 显示回归系数落在 0 附近且符合正态分布，也就是说，大部分政策变量系数的回归结果不显著，可以排除表 6-2 的基准回归结果是由其他不可观测因素引起的。

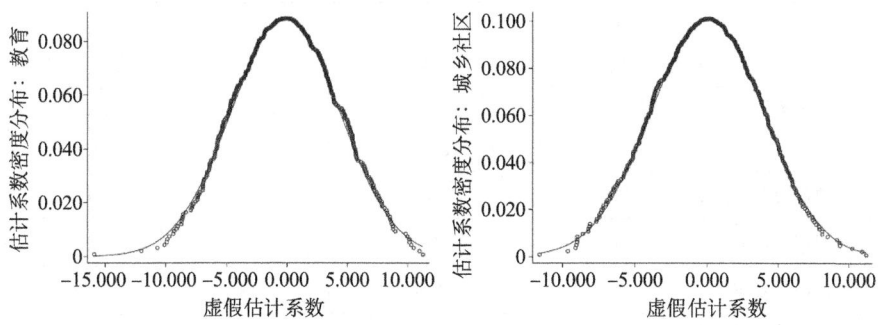

图 6-2 教育、城乡社区的个体安慰剂检验

(四) 稳健性检验

1. 控制非平行趋势

由于以公共服务县市人均支出差距为被解释变量的政策效应可能受控制变量的时间趋势影响,因此在式(22)基础上加入控制变量 X_{it} 与时间趋势的交互项进行回归,教育和城乡社区公共服务的政策变量结果仍然在 5% 水平上显著 [见表 6-4 的列 (1)、列 (2)]。

$$Y_{it} = \alpha + \beta did_{it} + \gamma_1 X_{it} + \gamma_2 X_{it} \times (Year - 2009) + \mu_i + \varphi_t + \varepsilon_{it} \qquad (25)$$

2. 样本数据缩尾

为了避免某些样本个体某些年份极端值的影响,使用 Winsor2 命令对教育和城乡社区两项公共服务被解释变量截尾 1% 后,重新对式(22)进行回归,估计结果表明 [见表 6-4 的列 (3)、列 (4)],对极端值进行缩尾后,教育和城乡社区公共服务的政策变量系数估计值仍然在 5% 的水平上显著,结论与基本模型一致。

表 6-4　　　　非平行趋势和数据缩尾稳健性检验

解释变量	(1) 教育	(2) 城乡社区	(3) 教育	(4) 城乡社区
did	26.454**	24.916**	22.374**	22.277***
	(2.04)	(2.51)	(2.03)	(2.75)
控制变量	Yes	Yes	Yes	Yes
时间固定效应	Yes	Yes	Yes	Yes
个体固定效应	Yes	Yes	Yes	Yes
Observations	684	684	684	684
R-squared	0.842	0.382	0.816	0.120
Number of id	57	57	57	57

3. 动态模型

我国省以下财政预算编制，通常以上年预算作为参考，采用"增量预算"方法编制当年预算，因此，使用公共服务县市人均（生均）支出差距作为被解释变量，可能受上一期被解释变量影响。将模型修正为包含前定一期被解释变量的动态模型，发现政策变量的显著性不变［见表6-5的列（1）、列（2）］；为避免可能存在反向因果关系，使用控制变量前定一期作为解释变量，政策变量的显著性仍未发生改变［见表6-5的列（3）、列（4）］；同时使用前定一期被解释变量和控制变量的回归结果仍然显著。

表6-5　　　　　　　　滞后一阶稳健性检验

解释变量	（1）教育	（2）城乡社区	（3）教育	（3）教育	（4）城乡社区
did	12.327**	21.180**	24.759**	9.117*	19.255**
	(2.37)	(2.35)	(1.94)	(1.72)	(2.53)
$L.Gap\_Edu$	0.756***			0.759***	
	(9.06)			(9.60)	
$L.Gap\_UrbanRural$		0.296***			0.221*
		(3.54)			(1.73)
控制变量	Yes	Yes	No	No	No
滞后一阶控制变量	No	No	Yes	Yes	Yes
个体固定效应	Yes	Yes	Yes	Yes	Yes
时间固定效应	Yes	Yes	Yes	Yes	Yes
Observations	627	627	627	627	627
R-squared	0.895	0.196	0.786	0.897	0.158
Number of id	57	57	57	57	57

4. 排除其他试点政策干扰

为避免样本在2009—2020年受到其他政策影响试点县公共服务均等化，造成基准回归结果的偏误，梳理2009年以来广东省关于公共服务均等化其他试点政策,发现广东省政府曾在 2009 年发布《广东省基本公共服务均等化规划纲要 (2009—2020 年)》,分批次试点推进省内地级市"基本公共服务均等化综合改革"。其中,2012 年,惠州市首个纳入基本公共服务均等化综合改革试点;2013 年,江门、阳江、清远 3 市纳入试点;2015 年,珠海、河源、湛江 3 市纳入试点,以上试点地级市共覆盖 25 个县级样本。

为避免省直管县政策试点实施期间受以上试点政策干扰,在基准回归中加入了以上政策的虚拟变量 $did2_{it}$,如果该县位于公共服务均等化试点城市,且在试点年份之后,$did2_{it}=1$,否则 $did2_{it}=0$。加入新政策变量的回归结果见表 6-6 的列 (1)、列 (2),以上基本公共服务均等化综合改革试点的政策变量系数估计值不显著,省直管县政策变量系数估计值仍然显著为正。

表 6-6　　　　其他政策、变换被解释变量的稳健性检验

解释变量	(1) 教育	(2) 城乡社区	(3) 教育	(4) 城乡社区	(5) 教育	(6) 城乡社区
did	20.175** (1.82)	23.244*** (2.77)	7.496* (1.74)	7.779** (2.42)	303.870** (2.78)	127.836* (1.96)
$did2$	-8.500 (-0.53)	-10.330 (-1.19)				
控制变量	Yes	Yes	Yes	Yes	Yes	Yes
个体固定效应	Yes	Yes	Yes	Yes	Yes	Yes
时间固定效应	Yes	Yes	Yes	Yes	Yes	Yes
Observations	684	684	684	684	684	684
R-squared	0.796	0.114	0.325	0.206	0.820	0.354
Number of id	57	57	57	57	57	57

5. 变更被解释变量算法

为了获得更加稳健全面的分析结果,用以下两种方法改进了被解释变量的算法:①将县人均(生均)公共服务支出县、市差距,改为县、省差

距;②直接用样本县人均(生均)公共服务支出金额进行回归。表6-6的列(3)—列(6)分别是教育、城乡社区两项公共服务对应的以上①、②算法改进的回归结果,政策变量系数仍然显著。

(五) 影响机制检验

1. 财力增加效应

理论分析部分指出,省直管县改革能减少财政资金在不同层级政府间的截留摄取,增加县级财力,使县级政府能从规模和效率上更好地提供地域属性较强的特定公共服务水平。为验证这一作用机制,此处使用转移性收入对公共财政收入占比,代表各县从上级政府获得的财力增量,用于验证省直管县试点政策对公共服务均等化的估计结果。转移性收入比例公式如下:

$$TranferIn_{it} = 100 \times \frac{Expenditure_{it} - Revenue_{it}}{Revenue_{it}} \quad (26)$$

其中,$TranferIn_{it}$是第i县第t年从上级政府获得的转移性收入占比,$Expenditure_{it}$是一般公共预算支出,$Revenue_{it}$是一般公共预算收入。根据我国县级财政"预算平衡、不列赤字"法律约束,$Expenditure_{it}$减去$Revenue_{it}$,为当年支出超过收入部分,大多用上级政府给县级政府的转移性收入填补该缺口。表6-7的列(1)—列(3)结果表明,省直管县政策显著提升了试点县转移性收入占比,显著提高了教育、城乡社区公共服务的均等化水平。

表6-7 省直管县通过转移支付对公共服务的影响

解释变量	(1) TransferIn	(2) 教育	(3) 城乡社区
did	96.030*** (4.06)		

续表

解释变量	(1) TransferIn	(2) 教育	(3) 城乡社区
TransferIn		0.138**	0.056*
		(2.02)	(1.83)
Observations	684	684	684
R-squared	0.741	0.656	0.081
Number of id	57	57	57

2. 投资挤出效应

根据理论部分分析，投资挤出效应表现为试点县决策者为了激励原因，将有限财力资源分配给固定资产投资，进而挤出公共服务财政资金。该效应主要取决于地方政府对民生性和生产性财政支出的态度。为了检验固定资产投资挤出效应的潜在机制，此处通过固定资产投资指标是否受省直管县试点政策影响进行检验。由于县级公共财政披露数据有限，固定资产投资资金来源中政府预算出资占比未予披露，因此，使用样本县全社会固定资产投资与公共财政收入比值，衡量样本县的财政投资性支出压力。

回归结果发现，省直管县政策对试点县固定投资压力的作用效果不显著。可能的原因是，本章使用的公共服务支出数据属于一般公共预算，公共服务等政府经常性支出通常列支于一般公共预算；而政府参与出资的固定资产投资，大多列于政府性基金预算。根据广东省财政管理体制文件，省直管县主要在县级财政一般公共预算的收支划分、转移支付等方面与省级财政建立往来关系。例如，上文提到的均衡性转移支付资金，按文件要求，县财政接收后必须列入一般公共预算。因此，省直管县对县级政府性基金预算影响较小，省直管县试点工作对固定资产投资带来的财政压力影响不显著，不会产生投资挤出效应。

五、改革政策效应的总结与建议

(一) 主要研究结论

科学划分省以下各层级政府间财政事权、财政收支、转移支付、财政管理权限,对各级政府更好履行基本公共服务保障职能,满足人民美好生活需要,实现国家长治久安具有重要意义。本章立足于急需加快省以下财政体制改革的现实背景,在梳理相关历史和文献的基础上,选取经济发展快但区域不平衡性大的广东省作为研究对象,收集该省2009—2020年57个县的一般公共预算分类支出数据,构建多期DID模型实证检验省直管县改革试点推进各项基本公共服务均等化的内在机理。对教育、城乡社区、社会保障和就业、卫生健康4类公共服务人均支出数据进行检验后,得出如下结论:①省直管县试点,能显著提高地域属性强的公共服务均等化水平。实证结果表明,试点县的生均教育支出和城乡社区人均支出超出全市平均水平,在纳入省直管县试点后,较非试点情况下显著提升24个百分点。②对卫生健康、社保就业的实证检验发现,省直管县试点改革对地域属性较弱,居民能"用脚投票",或县财政只能按国家标准和居民行为选择"被动"支出的公共服务均等化政策效应不显著。③政策机制方面,财政上实现省直管后,试点县能通过"财力增加效应"增加支出,降低县与市的人均支出差距,推进基本公共服务均等化,但固定资产投资的财力需求,属于政府性基金预算,该预算不一定受省直管县改革影响,不会挤出公共服务支出进而阻碍基本公共服务均等化进程。

(二) 政策启示

本章研究发现,为有效发挥省以下财政体制改革对基本公共服务均等化的促进作用，省级政府不仅应做好省直管县的财政体制设计，而且应根据公共服务特征，有针对性地优化不同公共服务的事权与支出责任划分。研究结论对进一步加快完善省以下财政体制改革，构建权责清晰的政府间财政关系和事权划分，进而优化地方收入体系具有良好启示。

1. 继续推动省直管县财政改革

在我国五级政府框架下，县级政府承担大多数基本公共服务保障职责，但其财政支出决策受到经济基础、自身财力、转移支付和激励机制的综合影响，财力问题仍然突出。以广东为样本的研究表明，即使省域经济十分发达，但省内各县经济总量和财政空间仍然偏小，基本公共服务仍然需要上级转移性资金予以支持。省直管县能有效增强试点县一般公共预算财力，降低教育、城乡社区等公共服务县市差距，有利于公共服务均等化，应继续推动省直管县财政改革工作。广东在省直管县试点前先分税，再用收支差额比例分配法确定转移支付规则，从顶层设计确定省与试点县财政框架并保持制度刚性，能有效改善县级财力状况，切实推进公共服务均等化。

2. 调整优化省直管县覆盖公共服务的范围

建议按各项基本公共服务的地域属性以及服务对象的流动性细化分类，优化省与市、省与直管县的事权与支出责任划分，重点关注不同基本公共服务受益前置条件的差异，例如，服务对象户籍、居住地址、区位偏好等。可将地域属性较强，生产属性较大，群众无法跨县享受的公共服务确定为县级财政事权，让县级政府通过省直管县试点工作与省级财政直接对接，承担该类公共服务保障职责；将居民可以跨区选择的较高强度和较高质量公共服务由地级市政府承担，县级政府在中央、省制定基本公共服务支出标准后履行"保底"职责，优化市、县两级财政在医疗、社保等流动性较大的公共服务支出责任分担体制。

3. 强化省直管县后县级资金使用监督

本章的研究过程发现，县级自有财力较弱，直管县后试点县获得省级转移性收入规模较大。但现阶段我国仍在构建地方税体系进程中，县级政府税收自主权仍然偏小，基本公共服务较长时间内仍很大程度依赖上级转移支付，可能长期处于"紧日子"状态。虽然复式预算从财政制度上避免了政府投资资金挤占基本公共服务，但不排除决策者通过统筹预算、政府购买服务等方式违规挤占一般公共预算资金，或以违法违规融资方式，间接增加一般公共预算民生性支出压力。现阶段，我国房地产市场出现衰退迹象，政府性基金预算未来可能承受较大收入压力，投资性资金来源减少，因此，省级政府应强化对试点县的基本公共服务财政资金监督，防止公共服务均等化进程出现反复。

第七章 基于财政事权与支出责任相适应的地方收入体系优化设想

党的二十大报告从战略和全局的高度，明确了进一步深化财税体制改革的重点举措，提出"健全现代预算制度，优化税制结构，完善财政转移支付体系"，为做好新时代新征程财政工作指明了方向、提供了遵循。自从党的十八届三中全会提出"财政事权与支出责任相适应"的全新概念后，优化地方收入体系就成为未来国家治理工作的关键要务。对中国地方政府收入体系的构想可以有很多视角，例如，基于横向公平视角、体制效率视角、财政政策视角等。本书研究是从财政事权与支出责任相适应的视角来优化中国的地方收入体系，这实际上在政府执行具体事务的底层逻辑基础之上构建收入体系。从某种程度上讲，基于事权与支出责任相适应，建立"事权适度上移、收入规范统一、保障基层收入"的地方收入体系更能结合中国实际，更体现出政府在社会主义市场经济条件下所需承担的各项职能。可以肯定地说，地方收入体系的有效优化，是推进我国中央与地方财政事权与支出责任划分改革的理论延伸，也是实施地方政府现代化治理方略的重要前提条件。本章主要有以下四个方面的基本内容：优化地方收入体系的基本原则、优化地方收入体系的基本要素设计、界定地方政府机动收入权责、优化地方收入体系的设想。

一、优化地方收入体系的基本原则

优化地方收入体系的原则是确立央地政府间关系的首要准则，既是各级政府在设计税制、非税收入、债务收入过程中所遵循的实践准则，也是评价优化收入体系的质量好坏、鉴别收入优化体制的优劣、考核地方财政收支管理状况的基本标准，更是有效实施地方政府现代化治理方略的重要前提条件。财政事权、支出责任、收入体系作为地方政府运转的基础逻辑，在优化过程中应当遵循特定的原则，应综合考虑政治、经济、社会、文化等各种因素的平衡，从而建立一个规范、统一、科学的地方收入体系。

（一）坚持中央统一框架

优化地方收入体系，要在中央政府的统一领导下，遵循中央方针政策和顶层设计框架推进。党的十八届三中全会指出："财政是国家治理的基础和重要支柱，科学的财税体制是优化资源配置、维护市场统一、促进社会公平、实现国家长治久安的制度保障。"地方收入体系优化的总体目标是，要加快形成有利于促进转变经济发展方式、有利于建立公平公正的统一市场、有利于推进基本公共服务均等化的现代财政制度，形成中央和地方财力与事权相匹配的财税体制，更好地发挥中央和地方两个积极性。党的十九届四中全会进一步提出细化要求："优化政府间的事权和财权划分，建立权责清晰、财力协调、区域均衡的央地财政关系，形成稳定的各级政府事权、支出责任和财力相适应的制度。"2022年，党的二十大报告对财政工作指出，要"健全现代预算制度，优化税制结构，完善财政转移支付体系""加大税收、社会保障、转移支付等的调节力度"。

在以上中央要求下，财政部门联合分管各事权的职能部门，初步建立"分类事权方案＋分类收入划分"的体制机制，建立起较为规范的单一财政体制。从《基本公共服务领域中央与地方共同财政事权与支出责任划分改革方案》开始，国务院即对基本公共服务、医疗卫生等多个事权领域制定《事权与支出责任划分方案》，使中央和省之间的事权与支出责任有了较为明确的规范性文件。对地方收入，中央已经设定好分税制框架，税种如何划分已有明确方案，正统筹推进地方非税收入征管改革，未来将在较为明确的既定路线框架下建成统一规范的地方财政事权、支出责任、收入划分体系。

地方收入体系的优化，应在党中央集中统一领导的框架下，坚持中央决策、地方落实的机制，这样才能使各级机关在划分事权、支出责任和收入时有上位规章制度可依，避免省和下级地方相互脱节，产生较为严重的"两张皮"问题而延缓甚至阻碍地方收入体系工作，确保地方收入体系优化工作顺利进行。

（二）坚持围绕人民为中心

各级政府履行财政事权的核心是满足人民共同需要。与地方政府财政事权、支出责任相适应的收入体系优化工作，应优先解决各级政府辖区人民最关心、最直接、最现实的民生问题和社会利益问题，将具有全国统一性，决定社会公平的义务教育、医疗卫生、社会保障等领域以及和群众直接相关的核心基本公共服务事项，明确为中央与地方共同财政事权，在中央、省、市、县、乡五级政府间合理划分支出责任。在分税制基础框架上适当完善纵向的转移支付制度，更平衡、更充足地为人民群众提供基本公共服务。

（三）坚持差别化对待

中国地大物博，各地经济、社会、人文存在巨大差异，各地群众在收入能力、纳税遵从度和情感认同上存在较大差异。优化地方收入体系，要综合照顾各地经济社会发展不平衡不充分的现实以及基本公共服务成本和财力地区间供给差异较大的情况。要照顾好经济偏弱、公共服务供给不足的西部地区和东北地区，做好各地区困难群众的救助兜底，鼓励各地区政府因地制宜，差异化、有导向性地选择政府公共服务主攻方向。

(四) 坚持保障基层财力底线

一般来说,财权是指某级政府为了履行其事权,支配和管理财政收入的权力。具体分析,政府财权包括筹集财政收入、分配财政支出、管理财政资产等方面的权利。政府财力是指各级政府在一定时期内实际支配的,以货币形式存在的各类社会资源,包括政府自有财力和转移性财政收入,这些资源主要包括税收收入、非税收入、国债收入、地方债收入、政府性基金收入等。区县级政府及街镇乡政府是直接面向群众,履行财政事权提供基本公共服务的第一线政府,是实现基本公共服务均等化的关键主体,是兜牢基本民生保障的底线。因此,保障区县级基层政权建设所需财力,是维护国家政权的必然要求,也是建设服务型政府,缓和干群矛盾的重要内容。如果基层的财力底线得不到保障,将使基层政府出现"维稳"异化、与民争利等风险行为。优化地方收入体系,必须坚持保障基层财力的底线。

二、优化地方收入体系的基本要素设计

本书研究所聚焦的地方收入体系优化过程主要包括"财政事权—支出责任与支出标准—税收分成—填补缺口"四个流程,地方收入体系的优化内容也围绕着这四个方面展开具体讨论。

(一) 明确各级政府财政事权

财政事权是一级政府应承担的运用财政资金提供基本公共服务的任务和职责。改革开放后,经过40多年的探索,中国各级政府各类财政事权,从中央到地方都得以完善和改进,但仍部分存在不清晰、不合理、不规范

等问题。例如，市县和乡镇基层政府的职能定位不清，本来由市场机制可以调节的事务被各级政府以"发展"名义过多包揽，部分政府对营利性、竞争性领域过多干预，甚至建立垄断；而本应由政府承担的医疗卫生、义务教育等基本公共服务，政府财政未能充分满足群众需求；甚至本应由中央直接承担的财政事权交给地方承担，一些本应由地方政府负责的经济事务，中央包揽过多。这种情况导致市场在资源配置中的作用被政府掌握，市场起不到决定性作用，不利于高效供应基本公共服务。

建议以受益范围、受益条件、行政效率、激励相容为基本原则，在已有事权与支出责任方案的基础上，优化改进中央、省、市、县四级的财政事权。首先，将群众拥有可选择性、普惠性、基本性的公共服务事权上移至省级，由省政府直属分管部门承担主要财政事权责任。根据本报告计量实证模型发现，"省直管县"很好地推动了地域属性强的公共服务均等化水平（教育等），对于居民能够跨地区流动享受的基本公共服务，省级政府直接履行财政事权的效果不佳（医疗等）。由此可将群众能"用脚投票"的公共服务上收为省级事权，例如，公共医疗、社会保险事务，可由省级财政负责财政事权，提高基本公共服务的均等化水平，降低群众选择成本，提高服务供给效率。

其次，应将直接面向群众、群众无法跨区受益，并由地方基层提供更方便有效的基本公共服务确定为地方的财政事权，例如，教育、城乡社区事务。下放该类事权时，应同步赋予地方政府履行事权的充分自主权，更好地满足基层群众基本公共服务需求。

再次，对于中央地方政府之间的共同事权，应减少并进行规范。特别要根据各项基本公共服务的群众需要、受益范围、受益门槛、受益难易程度，按财政事权不同构成要素、实施环节，分解细化各级政府，避免由于中央、省、市、县、乡五级政府之间职责不清造成互相推诿。建议剥离非省级城市政府部门科技研发、公共文化等事权，让省级以下政府集中精力打造"服务型"政府，而非"管理型"政府，以构建全国统一大市场为契机，推动基层政府简化职能，回归公共财政原有职能。

最后，提高各级政府财政事权固定性。事权固定性是指中央、省在确定财政事权划分框架后，通过立法确定各级政府事权，上下级政府不得临时或随意变更财政事权的履行主体。另外，事权固定性还包括各级政府履行事权所必需的连贯性和长期性，即财政事权要定质定量完成，而不是推诿责任，一次做完了事。但固定性具有相对意义，省以上人大机构可以通过立法程序予以调整。

建议明确各级政府事权的具体建议包括：

第一，改进各领域基本法律，设立财政基本法、行政基本法等规范政权运转的基本法律，通过制度刚性约束上下级政府间的事权配置。

第二，在完成立法的基础上，根据各项事权自身特性，规范各领域事权的政府间划分，具体包括：

（1）教育。义务教育适当上收为省级决策事权，由各省、直辖市、自治区政府作为义务教育事权的决策主体，由省级政府承担一定支出责任，省以下地方政府根据自身财力，承担义务教育的执行事权。而职业教育由市级、区县级政府履行执行事权，在维护教育公平的基础上将职业教育打造为符合地方客观情境的、面向社会实际需要的教育体系。高等教育则划为省级、中央政府事权，避免省以下地方政府承担财政负担过重的高等教育。

（2）医疗卫生。医疗卫生是私营部门和各级公共部门交互作用的领域。在基本医疗方面，应由区县级政府负责初级卫生保健以及乡镇级政府承担的一般性疾病预防和诊治工作。而治疗性住院或是专业性医疗，由于其治疗过程具有规模经济效益，应由更高一级如省、自治区、直辖市负责。传染性疾病的防治由于具有很强的公共产品性质，应由高一级如省级或中央政府负责。

（3）交通运输。国家层面的交通运输事权由中央政府负责，包括国家交通基础设施的规划、建设和管理、国家交通政策的制定和协调等；另外，对涉及交通运输质量细节的事务，由中央政府负责国家交通运输政策、法规和标准的制定和实施。省级地方政府负责一省内部的交通运输事务,例如,跨市公路、跨市交通等的规划、建设和管理;省级地方政府还可能负责地方交通运输政策、法规和标准的制定和实施。最后,为了更好地协调不同地区的交通运输事权,可以设立区域层面的交通管理机构,例如,在珠三角、长三角等交通密集需求密集地区,设立区域性的事权分管机构,由中央政府和地方政府共同管理,负责区域交通规划、建设和管理。

表7-1是参考财政事权收益范围和层次性等特征,初步设计的财政事权(包含一级、二级)划分草案。除了以上各方面,应在关系国计民生的各个领域,通过立法方式设定较为完备的法律体系,对中央和各级政府间事权进行明确的规定,避免各级政府间事权出现模糊、重叠的不明确,避免出现"权力上手,义务下放"的机会主义行为。

表7-1　　财政事权、支出责任与支出标准的安排建议

财政事权(一级)	财政事权(二级)	支出责任承担主体	支出标准制定主体
一般公共服务事权	人大事务	按机构所属政府级次承担全部支出责任	中央、省级、地级政府
	政协事务	按机构所属政府级次承担全部支出责任	中央、省级、地级政府
	政府下属部门日常事务	按机构所属政府级次承担全部支出责任	中央、省级、地级政府
外交事权	外交各项二级事权	中央政府	中央政府
国防事权	国防各项二级事权	中央政府	中央政府
公共安全事权	武装警察	中央政府	中央政府
	司法机关事权	中央政府、省级政府	中央政府
	公安警察	省级、地级、区县级政府	中央、省级政府
教育领域事权	义务教育	省级、地级、区县级、乡镇级政府	中央、省级、地级政府
	高中教育	地级、区县级政府	省级、地级政府
	高等教育	中央、省级政府	中央、省级政府
	职业教育	地级、区县级政府	省级、地级政府
	成人教育	省级、地级政府	省级、地级政府

续表

财政事权（一级）	财政事权（二级）	支出责任承担主体	支出标准制定主体
科技领域事权	基础研究	中央、省级政府	中央、省级政府
	应用研究	中央、省级、地级政府	中央、省级政府
	社会科学	中央、省级政府	中央、省级政府
文旅传媒事权	文化事权	中央、省级政府	中央、省级政府
	旅游事权	省级、地级、区县级、乡镇级政府	中央、省级、地级政府
	传媒事权	中央、省级、地级政府	中央、省级政府
社会保障事权	民政管理事权	地级、区县级、乡镇级政府	中央、省级政府
	社会保险事权	地级、区县级政府	中央、省级、地级政府
	优抚、社会福利等事权	地级、区县级政府	中央、省级、地级政府
卫生健康事权	公立医院事权	地级、区县级、乡镇级政府	中央、省级、地级政府
	公共卫生事权	省级、地级政府	中央、省级政府
城乡社区事权	城乡规划事权	区县级、乡镇级政府	地级、区县级政府
	城乡公共设施事权	地级、区县级、乡镇级政府	省级、地级政府
	城乡环境卫生事权	区县级、乡镇级政府	地级、区县级政府
农林水事权	农业农村事权	区县级、乡镇级政府	省级、地级政府
	林业草原事权	区县级、乡镇级政府	省级、地级政府
	水利事权	省级、地级政府	中央、省级政府
交通运输事权	跨区县的交通运输事权	地级政府	中央、省级政府
	跨地级市的交通运输事权	省级政府	中央政府
	跨省的交通运输事权	中央政府、区域性交通管理机构	中央政府、区域性交通管理机构

（二）确定支出责任与支出标准

支出责任是一级政府承担的运用财政资金履行其一级事权、满足公共服务需要的财政支出义务。多数情况下支出责任和财政事权一一对应，但上下级、平级政府间出现"委托事权"，将出现事权与支出责任不匹配的情况。因此，有必要在事权划分明晰的基础上，明确与事权匹配的各级政府支出责任。

项目支出标准、基本支出标准与支出责任密切关联。预算项目支出标准体系建设是中央乃至地方各级财政部门预算管理和改革的重要内容，是构建现代预算制度的重要技术支撑。财政部于2009年启动建设预算项目支出定额标准体系，首先由中央本级各部委会同财政部共同制定。中央本级项目支出定额标准体系在2009—2015年取得积极进展，已初步形成目标明确、职责清晰、程序规范、运行有序的标准体系。

在要素设计过程中，可根据财政事权对应的各项基本公共服务属性，重点体现以上各项原则，采用如下方式设计支出标准：

1. 厘清财政预算中基本支出与项目支出边界

由各地财政部门结合自身单位和所处地区实际情况，明确各项日常公用经费分项标准，从省到县，各预算单位按各自的职能分类，初步划分为行政类、公共安全类、事业单位类。再按单位性质和所属预算级次将行政类和公共安全类进行区分。最后参考供养人数、办公成本、驻扎城市消费水平等要素，分类分档划定不同项目的支出标准。

2. 推进预算项目支出标准体系建设

在基本支出标准的基础上，参考中央本级预算项目支出标准，拓宽符合地方实情的项目支出标准，优化、丰富项目支出标准。按项目具体内容和对象，制定通用项目标准和专用项目标准。

3. 梳理省级、基层两级政府"三保"支出责任清单

可选取先行示范省份或试点城市，由财政部牵头，联合省、市共同制定《××省基本公共服务标准情况统计表》，重点规划、设计好各项基本公共服务的支出责任、省级和市级支出标准。可以参考财政部《2021年县级基本财力保障测算范围和标准》，各地结合地方实际，制定出基层政府

（主要指区级和县级）"三保"事项清单，明确区县级政府必要的支出标准、各级政府财政相应分担比例、受益群体等规范性内容（初步设计方案见表7-1）。

（三）改进税收分成体制

中央和地方税收分成应更加关注"如何更好地调动地方政府的积极性"问题，也就是说，要在政府性基金收入快速下滑时期，鼓励地方政府向服务型政府转型，服务经济主体，创新管理方式，促进地方政府职能转向公共服务和社会管理两个大方向。

首先，健全地方税体系，在地方层面形成"公共服务—税收价格"交互激励机制。本书使用广东省数据的计量模型发现，部分居民能"用脚投票"的公共服务，具有Oates经典理论所具备的价格机制，使地方政府产生改进区域公共服务的内生激励。但中国各级地方政府因税收立法权归属问题，缺乏"公共服务—税收价格"的内生激励机制，名义上赋予地方政府地方专享税，但实际操作中地方税的立法权、征管权、解释权归属中央。党的十八届三中全会提出，将房地产税改革上升为房地产税体系建设，要加快房地产税立法并适时推进改革，但房地产税的试点推进仍十分艰难。可以探索在整合土地等财产税的基础上，加快推出房地产税，将其作为国有土地出让收入大幅减少后地方政府的主力税种。在推动房地产税的过程中，可将某些与土地、房产密切相关的税种进行兼并，例如，与土地密切绑定的城镇土地使用税，与房产密切绑定的房产税，与土地受益相关的土地增值税等，整合为统一的房地产税。继而按"立法先行、充分授权、分步推进"的十二字方针，通过授权方式给予省级和地级市政府房地产税细则制定权，特别是税率制定权，切实推进房地产税进入试点实施轨道。

其次，扩大自然资源税征收范围，将环保税细则制定权赋予地方政府，扩大地方收入规模。经历过长时间改革，中国的资源税征收范围、计征方式和税率标准已经优化调整，自然资源税的功能定位已转向生态环保功能，自然资源税作为地方税已为各方面广为接受。但从现有情况看，自然资源税存在比较大的问题，即自然资源税的征收范围比较狭窄，集中在易于发现且可以定量计算的矿产资源，而这些与居民生活密切相关的水、草、田、林、湖等自然资源无关。可将资源税征税对象逐步扩大至矿产资源以外的其他自然资源，通过试点方式逐步扩大范围。2018年以来，环保税则的课税对象具有外溢性，由地市或区县政府征收可能存在相互竞争乃至排污的道德风险问题。但将环保税定位为地方税，可以调动地方政府环保积极性，建议将环保税细则制定权赋予地方政府，这样地方政府将具备使用税收工具调整自身行为的动力。

最后，提高流转税中央分成比例。将具有极强地理属性的税种设定为地方税后，参考本报告理论模型结果，应逐步提高中央对流转税的分成比例，例如，对劳动要素征收的所得税、对商品和劳务征收的增值税、对少数非必需商品征收的消费税以及关税，设定为中央税，通过中央税提高中央收入刚性，一方面，增加对经济弱区转移支付，通过经济弱区的政府投资支出"边际效应"提高整体经济增速；另一方面，避免经济要素因税制因素而无序流动，例如，因差别化税收优惠或差别化要素税制对居民消费、劳动、储蓄、跨期决策产生超额负担，使经济要素在市场"看不见的手"的作用下集聚于最优区位，达到经济最优状态。

（四）转移支付填补地方财力缺口

在改进税收分成体制后，如果各地基本公共服务依照所确定的各级政府财政事权、支出责任与支出标准仍然存在财力缺口，则通过纵向转移支付以适度补充地方政府收入体系缺口。

首先，完善中央对地方政府的转移支付。参考欧美财政发展较为完善的财政体制，中央征收流转税，可以获得较大规模的税收收入。除此之外，参考欧美国家，设计制度化、规范化的转移支付方案，使之成为地方政府可以预期并准确计算的收入，例如，参考各地人口数量、辖区面积、经济总量等一系列客观因素，用一般转移支付来分配中央税收，平衡各地财政收支，补充各地履行财政事权可能的财力缺口。

其次，构建上下级政府间的财政转移支付法律制度。构建政府纵向转移支付法律制度，通过强制性法律，明确中央和地方政府间的科层式利益关系。在确定各级财政事权、支出责任与支出标准，改进税收分成体制后，可适时出台以"缺口法""平衡法"为原则的《政府间转移支付暂行条例》或《转移支付法》，约束和规范政府间的财政转移支付行为，保障各级政府转移支付资金的决策、划转、复查程序的公开透明。转移支付法的法律主体以政府行政机关和人大立法机关为主，由各级人大行使转移支付法律的立法权。通过法律方式，将转移支付的审查权、监督权赋予同级人大，将转移支付相关预算的编排权、执行权赋予政府行政机关，相互制衡成为转移支付的互动主体。将财政转移支付法的核心内容设定为：①各级政府权利和义务配置；②明确各级政府权力主体和义务主体的边界；③对于违反转移支付法律行为所需承担的法律后果。

再次，优化财政转移支付的内容和结构。建议推进中央到省、省到市、市到县的纵向转移支付项目清理以及整合工作，调整上下级有关财政转移支付规则。在明确了各级政府事权、支出责任、支出标准的前提下，优化转移支付的方式方法，让上下级政府间的纵向转移支付遵循"公平为先、兼顾效率"原则。对于既有地方收入不能满足支出需求的情况，建议采取均衡性财政转移支付安排补足缺口；对于中央和地方政府共管的各项财政事权，建议在明确各级政府支出责任比例的情况下，安排中央对地方的专项转移支付补足地方缺口。为简化财政关系，财政转移支付中逐步取消历史性旧账，例如，取消税收返还，回归到只包括一般性和专项转移支付的清新状态。

最后，探索兼并财政事权的横向转移支付。从日韩、西方发达国家多个同级政府共同购买服务的实践看，横向转移支付应是提高同级政府间协作、降低行政成本、提高公共服务效率的有效补充。邻近区域间的横向转移支付，可由某一区县政府牵头，共同就某些具有外溢性的公共服务或项目进行合作,通过横向转移进行支付,共享特定项目的公共服务,降低服务供给成本,提高公共服务效率。我国应探索建立纵向转移支付为主、横向转移支付为辅的转移支付模式,减少行政支出,增加公共服务支出,实现政府治理体系现代化。

围绕各要素,对地方收入体系的优化流程设计如下:①由各领域基本法确定各级地方政府所应承担的各项事权;②并由事权推演出地方政府履行事权所需的支出责任,并对支出责任进行划分;③在充分划分支出责任的基础上,围绕已有的收入端财政体制,估算地方政府应有和潜在的收入规模;④在支出责任基础上估算出中央已确立的支出标准体系下,地方政府履行事权所需的支出规模;⑤按体制收入减去地方所需的支出规模,得到缺口规模后由中央政府或上级政府给予下级政府转移支付或举债权等方式,允许地方政府弥补相应的事权、支出责任和收入体制间的缺口规模(见图7-1)。

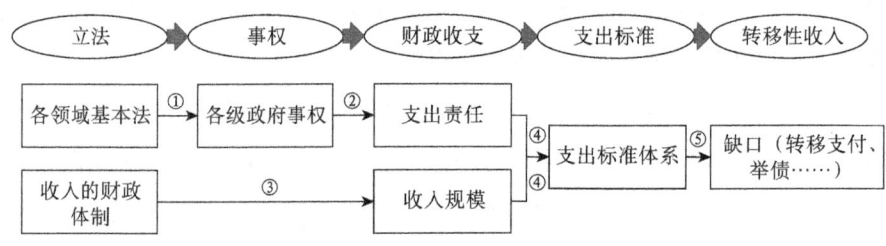

图 7-1　地方政府收入体系的机制流程

以上构建流程,从中央与省、自治区、直辖市、计划单列市开始,然后逐级下沉。中央确立了中央政府与省、自治区、直辖市和计划单列市的收入体系划分后,以制度形式予以确立,然后由省、自治区、直辖市和计划单列市,再行与下级政府进行分割和划分。

三、界定地方政府机动收入权责

优化地方收入体系,是一项庞大的系统性工程,需要将多渠道收入进行约束整合,才能实现地方收入体系的优化。排除税收分成作为主体收入和转移支付弥补所需收入和实际收入缺口,地方政府收入体系还包括收费收入、债务收入,它们是地方收入体系的补充性、机动性资金来源。

(一) 完备的地方收入体系包括少量的费和基金

当前,中国的费和基金方面存在的问题较多,主要表现在收费部分过多、占比过大,管理不够规范。以2021年为例,中国一般公共预算非税收入2.98万亿元,占该预算收入的14.7%,世界各国对比后偏高。在政府性费用征收方面,多数情况下地方政府征管的法制化程度不高;在资金的使用和管理方面,带有较强的"自留地"特点,既是地方政府财力不可或缺的补充,也是新时代财政体制改革的难点,必须进行改革。

建议进一步规范行政事业性收费和基金性收费,清理整顿各地收费项目,所有费和基金收入要全部纳入各级地方政府的预算管理,设置费和基金的占比红线,彻底消除部门预算体外的资金池、小金库,增强地方财政整体调控能力。

针对2022年开始快速减少的政府性基金收入(见图7-2),应在"城镇化进程放缓"大背景下土地需求减少的情境下理性客观看待。

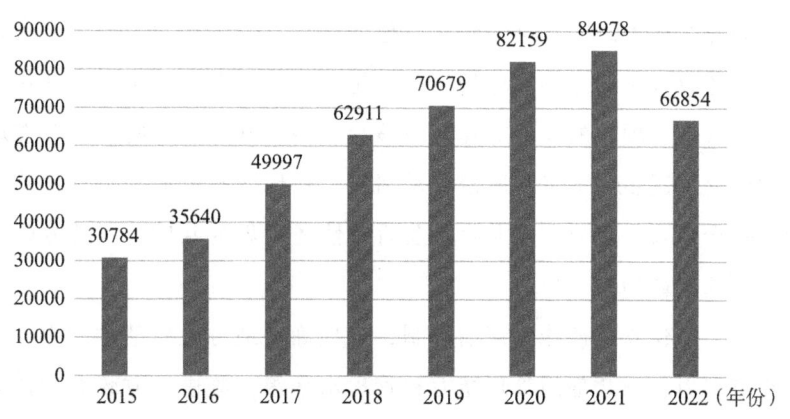

图7-2 历年土地使用金出让收入(亿元)

数据来源:Wind金融终端。

必须承认，我国土地使用权出让收入是建立在土地公有制基础和市场经济体制上，随着工业化、城镇化、住房商品化的推进，全国城镇对土地的需求快速上升，由此在财政上产生了巨额的土地出让收入，极大地缓解了地方政府基础设施建设的资金需求。但在此基础上，必须认识到土地从公有制出发，为地方政府公共职能而出让土地的历史即将过去，完善土地各个环节的制度安排，是未来发展改革面临的重大改革任务。

自2022年1月1日起，土地收入征管工作由地方国土、财政部门划转国家税务部门征收，土地收入的征管权上收中央，且收入规模开始出现大幅下滑，净收益下降已是各界共识。一方面，应适当将基层事权和支出责任上移，降低基层政府财力负担；另一方面，中央和省级政府加大对基层政府转移支付的力度，缓解土地出让收入下滑带来的基层压力。最后，各级政府应削减不必要的支出，压减非必需、非急需的支出，强化财政资金的绩效管理，提高财政资金使用效率。

（二）健全的地方收入体系包括风险可控的债务收入

中国经历40多年改革开放，基础设施建设已进入中后期，即将进入人口下降阶段，2022年以后对于新型城镇化建设过程中需要资本性投入逐渐减弱，因此，地方政府基础设施建设任务减少，偿债压力上升。未来地方政府对债务收入主要是维修养护基础设施，因此，对债务资金的使用、项目收益的管理、项目的风控等要有一整套严格管理办法，同时也要在风险可控的前提下逐步向下级政府授予举债权，让地方政府成为市场化债务收入的第一责任人，在界定债务收入及后续偿还边界的基础上对地方政府施加更严格的市场约束。

首先，要建立偿债能力评估机制，合理确定地方政府债务能力，包括当地经济实力、财政部门管理能力和管理水平等，改进地方政府举债的理念和具体做法，建立项目库后再行举债，避免出现"钱等项目"的情况，规避账面债务指标替代实际偿债能力，以"实质重于形式"的理念管理地方政府债务。

其次,提高债务资金用于履行事权,承担支出责任的效率。债务资金既有用于物的项目,例如,基础设施建设和物资采购等,也有用于人的项目,例如,社会保障和就业等。将用于物的债务资金用于补基础设施短板,将用于人的资金补人的短板,通过提供充足的物质性、服务性公共服务提升国内劳动者的素质和技能。一方面提升地方的发展潜力,另一方面为未来财政收入打好坚实基础。现阶段,中国人口的数量开始下降,只能依靠人口质量来弥补数量不足,这也是实现可持续发展、高质量发展的必经之路。世界上能够避免陷入中等收入陷阱的国家,根源在于通过债务资金和财政资金的支出投向合理安排提升了人口质量红利。

最后,对地方政府债务,以公开财务报告方式引入社会公众参与。早期,党中央、国务院已要求各地政府编制政府财务报告,《权责发生制政府综合财务报告制度改革方案》(国发〔2014〕63号)原计划在2020年完成政府财务报告公开制度的制定和发布工作,但受制于前期核算不规范、基础工作薄弱、基层财务人员把握不准等整体性问题尚未公开。建议按区域、按层级、按内容试点公开政府财务报告,让社会各界参与政府财务报告的应用,再使用社会反馈信息进行改进,提升政府债务管理质量。

四、优化地方收入体系的设想

针对地方收入体系的优化,本研究提出比较鲜明的观点,即用更具综合性的"地方收入体系"概念替代"地方税"的常规概念,从传统的"地方税体系"转变为更加综合、更具操作性的"地方收入体系",只有这样才有可能破解多年来地方政府特别棘手的难题。简言之,根据当下的现实情况,一个相对完善且背景合理的地方收入体系应当由以下四个部分组成。

（一）中央政府和上级政府的转移支付

这部分收入包括税收分享、一般和专项转移支付，其中占最大比例的而且最重要的是不限定支出用途的一般转移支付。由于税收返还又涉及增值税的比例分享问题，而增值税的税基具有可流动性且我国经济发展又正在转向通过第三产业驱动，鉴于这样的大背景，由央地再行分享增值税已不是最科学理性的选择，建议逐步取消税收返还。相反，应当在适当的时候明确把增值税定为中央税，避免要素扭曲流动，逐渐调低地方分享比例，转而通过规范的、固定性的地方税收入和转移支付来填补地方缺口。

第一，建议设置公平合理的中央对省、省对市县的转移支付标准。从上至下对不同地区的转移支付标准，应根据地区经济社会发展状况和财力，实行差别化政策。对经济发展较落后和财力较弱的地区，应采取倾斜的转移支付政策，增加对其支持力度；对经济较发达地区，转移支付力度应适当减弱。

第二，应建立从上至下稳定透明的转移支付制度体系。中央制定的转移支付政策和标准，应向各地方政府公开透明，以避免因为信息不对称导致的负面影响。同时，省以下的转移支付制度应保证相对稳定，不应每年大幅调整，这样有利于地方财政收入和支出的稳定规划。

第三，应建立资金直达市县的特殊转移支付机制。在遇到重大自然灾害或疫情的特殊时期，实体经济往往受到冲击，百姓生活也受到影响。因此，建立特殊转移支付机制，新增财政资金直达市县基层、直接惠企利民。

第四，应构建合理多元的转移支付的组成结构。中央对地方、省对市县的转移支付不应过于依赖财政补助，还应包括所得税分成、国有资源开采收益分成等多种形式。这种多元的转移支付结构，有利于提高地方政府的运作自主性，增强其财政收入的可持续性。

第五，应强化转移支付资金的监督管理。中央、省、市应加强对地方政府转移支付资金的监督管理，确保资金使用效率和效果。采取定期评估、临时检查等方式，考核各地方政府资金使用情况，并将评估结果与下一年度的转移支付资金额挂钩。这可以促进地方政府加强预算执行管理，提高资金使用效益。

（二）地方专享税收入

"营改增"之后，鉴于地产、房产的相对稳定性，从理论上来说，房地产税可以作为地方政府的主体税种。但受限于政治经济社会等现实情况，房地产税近期出台有点难度。鉴于此，比较现实的选择是，将消费税改为零售税，扩大征收范围，改为零售环节征收，将其调整为地方税种或央地分享税种，一方面利于发挥地方信息优势和征管优势，通过零售税来增加地方政府财政收入，另一方面适应中国老百姓未来消费经济的强劲发展势头，还可以提高地方政府"拉动内需"的财政激励。通过调整税收分成体系，中央可促进地方政府的工作重心由投资驱动转移到内需驱动，从而进一步拉动内需的制度环境、基础设施建设。

基于以上，应构建以多个税种、适度税率、高效征管为特征的地方税体系。

第一，结构合理。地方税收种类应当丰富，以直接税为主，包含间接税。直接税以个人所得税、企业所得税和财产税（地方分成部分）为主，这些税收不但收入较稳定，而且与地区经济发展状况高度相关，有利于地方财政收入的稳定增长和"自动稳定器"功能的有效发挥。间接税应以增值税和零售税为主，这些税种的遵从度较高，收入规模较大，可以有效支撑地方政府履行各项事权和支出责任。总体来说，直接税和间接税的比例应当适当，以直接税为主，但不能完全依靠直接税。

第二，税源广泛。地方税收不能过于依赖某一种税种，要尽可能开征各类税种，涵盖社会经济活动的各个方面。例如，房产税、城镇土地使用税、契税等，这些税种实施范围广，税基稳定，对地方财政收入有较大贡献。但这些税种高度依赖土地和房地产市场，波动性过高，应拓展地方税收体系的税种，例如，增值税、零售税等以及具有较高可持续性的房地产税。

第三，税率合理。税率过高会削弱经济活力，降低企业利润和居民可支配收入；而税率过低则会影响财政收入，难以满足政府公共产品和服务的供给。因此，地方税率设定应以保证财政收入和履行地方政府事权为目标，达到既不过高也不过低的合适水平。

（三）政府性基金等非税收入

现阶段，土地出让收入是政府性基金中非常重要的组成部分，规模非常可观。但随着城镇化进度放缓，住宅用地需求将不可避免地减少，大规模土地出让收入乃至政府性基金收入的支撑作用将成为历史。因此，只能选择适量的非税收入，包含政府性基金。

未来地方的政府性基金收入应随社会经济发展而动态调整，具体如下：

第一，明确地方所能获取的政府性基金类型。基金收入种类应当与当地经济社会发展状况相匹配，如水利基金、土地基金等。中央政府在设立政府性基金收入前，应对不同基金收入的必要性和可行性进行评估，避免基金收入的无序扩张。

第二，在兼顾效率和公平的基础上，丰富政府性基金的资金来源。获得中央或省级政府批准后，地方可以通过征收专项基金税费或者公共财产证券化等方式积累基金收入，保证其可持续支持地方政府履行各项事权。可以优化征收方式，例如，通过改进征收流程、提高征收技术、加强数据管理等方式，来提高征收效率和减少漏税现象。另外，应该加强政府性基金信息的透明度和参与度，让纳税人了解政府性基金政策和征收机制，增强参与意识和贡献感，从而提高政府性基金的收入。

第三，合理确定基金的收费标准或税率。设置的各类政府性基金项目和征收标准，应根据全国市场情况和社会主体的承受能力进行科学测算，不宜过高或过低。政府性基金的征收标准应注重公平性，税率应兼顾职能发展与公共利益。

第四，健全政府性基金管理制度，加强政府性基金使用效益考核。健全政府性基金的管理机构设置、运行机制、信息披露制度以及监督制度等。通过定期评估等方式对各政府性基金的运行情况进行考核，将评估结果与下一期的预算编制挂钩，不断提高政府性基金使用效率和效果，实现基金效益最大化。

（四）地方债等政府性债务收入

今后地方政府所需的正当建设资金来自省级政府和国务院批准的政府发行债券的方式，在人大监控的限额内做好债务管理，做到终身问责，倒查责任。此外，还包括PPP等创新方式筹集的社会资金以及融资平台通过合规市场化渠道筹集的国企资金。这部分资金建议按如下框架进行规范：

第一，地方举债的前提是应该建立健全的债务管理制度，包括债务融资规划、债务发行审批、债务使用监管、债务资金偿还等方面，确保各级政府债务的规范化和合理性。

第二，建立完善的债券市场机制。在中央和省级政府主导下，可以通过完善债券市场发行和交易机制，吸引更多的投资者参与债券投资，提高债务融资的效率和透明度。

第三，增强地方政府对已有债务的偿还能力。中央和省级政府应该监督各级地方，增强债务偿还能力，采取有效措施提高财政收入和财政运营效率，确保地方政府债务偿还的可持续性。

第四，强化债务资金信息公开和监督。中央和省级政府应该加强债务资金使用信息公开和监督，让公众了解债务资金使用和债务项目的运行情况，有效防止债务违规行为和机会主义的情况出现。

参考文献

[1] 白景明,张学诞,于长革,等.东北地区政府间事权与支出责任划分改革研究[J].财政科学,2018(3):29-41.

[2] 白景明,朱长才,叶翠青,等.建立事权与支出责任相适应财税制度操作层面研究[J].经济研究参考,2015(43):3-91.

[3] 才国伟,黄亮雄.政府层级改革的影响因素及其经济绩效研究[J].管理世界,2010(8).

[4] 曾红颖.我国基本公共服务均等化标准体系及转移支付效果评价[J].经济研究,2012,47(6):20-32,45.

[5] 陈思霞,卢盛峰.分权增加了民生性财政支出吗——来自中国"省直管县"的自然实验[J].经济学(季刊),2014,13(4).

[6] 陈伟伟,冯丹萌.中央与地方财政事权和支出责任划分的逻辑框架——观点综述与简评[J].经济研究参考,2019(9):70-81.

[7] 陈旭佳.中国均等化财政转移支付制度研究[D].暨南大学,2012.

[8] 陈志勇,陈莉莉.财税体制变迁、"土地财政"与经济增长[J].财贸经济,2011(12):24-29.

[9] 程宇丹,龚六堂.财政分权下的政府债务与经济增长[J].世界经济,2015,38(11):3-28.

[10] 戴运龙.广东10月起试点省直管县财政改革[N].南方日报,2010-8-11.

[11] 邓子基,唐文倩.我国财税改革与"顶层设计"——省以下分税

制财政管理体制的深化改革［J］. 财政研究，2012（2）.

［12］杜放. 政府间财政转移支付制度理论与实践——中国西部大开发的财政政策选择之一［M］. 北京：经济科学出版社，2001.

［13］范子英，张军. 财政分权、转移支付与国内市场整合［J］. 经济研究，2010，45（3）：53-64.

［14］范子英. 央地关系与区域经济格局：财政转移支付的视角［D］. 复旦大学，2010.

［15］付文林，沈坤荣. 均等化转移支付与地方财政支出结构［J］. 经济研究，2012，47（5）：45-57.

［16］傅志华，赵福昌，李成威，等. 地方事权与支出责任划分的改革进程与问题分析——基于东部地区的调研［J］. 财政科学，2018（3）：17-28，41.

［17］广东省人民政府. 广东省调整完善分税制财政管理体制实施方案［Z］. 广东：广东省政府，2010.

［18］何振一. 社会主义建设新阶段税制改革的宏观思考［J］. 税务研究，2003（5）：2-6.

［19］胡凯. 中国财政事权和支出责任划分改革：进程评估和政策文本分析［J］. 经济体制改革，2021（4）：29-36.

［20］黄赜琳，朱保华. 中国的实际经济周期与税收政策效应［J］. 经济研究，2015，50（3）：4-17，114.

［21］贾俊雪，张永杰，郭婧. 省直管县财政体制改革、县域经济增长与财政解困［J］. 中国软科学，2013（6）.

［22］贾康，白景明. 关于中国分税分级财政体制安排的基本思路［J］. 经济学动态，2005（2）：9-15.

［23］贾康，刘薇. 构建现代治理基础——中国财税体制改革40年［M］. 广东：广东经济出版社，2017.

［24］贾康，龙小燕. 财政全域国家治理：现代财政制度构建的基本理论框架［J］. 地方财政研究，2015（7）：4-10.

[25] 贾康, 阎坤. 完善省以下财政体制改革的中长期思考 [J]. 管理世界, 2005 (8).

[26] 贾晓俊, 岳希明. 我国均衡性转移支付资金分配机制研究 [J]. 经济研究, 2012, 47 (1): 17 – 30.

[27] 蒋震. 工业化水平、地方政府努力与土地财政：对中国土地财政的一个分析视角 [J]. 中国工业经济, 2014 (10): 33 – 45.

[28] 李森. 试论公共产品受益范围多样性与政府级次有限性之间的矛盾及协调——对政府间事权和支出责任划分的再思考 [J]. 财政研究, 2017 (8): 2 – 17.

[29] 李天宇, 张屹山. 疫情冲击的多维经济效应与政策调控机制——基于"双支柱"政策协调视角的重新审视 [J]. 数量经济研究, 2021, 12 (1): 1 – 19.

[30] 李永友, 张子楠. 转移支付提高了政府社会性公共品供给激励吗？[J]. 经济研究, 2017, 52 (1): 119 – 133.

[31] 李玉红, 王皓. 中国人口空心村与实心村空间分布——来自第三次农业普查行政村抽样的证据 [J]. 中国农村经济, 2020 (4).

[32] 梁红梅, 张卫峰. 中国消费、劳动和资本收入有效税率估算研究 [J]. 中央财经大学学报, 2014 (12): 3 – 12.

[33] 刘溶沧, 焦国华. 地区间财政能力差异与转移支付制度创新 [J]. 财贸经济, 2002 (6): 5 – 12.

[34] 刘尚希, 程瑜, 施文泼, 等. 当前财政改革运行中的重点问题及政策建议——基于湖南省的调研报告 [J]. 经济研究参考, 2017 (1): 12 – 22.

[35] 刘尚希, 马洪范, 景婉博, 等. 国外支出责任的理论考察与实践经验 [J]. 财政科学, 2017 (9): 62 – 67.

[36] 刘尚希, 王志刚, 程瑜, 等. 公共风险视角下的财政事权与支出责任划分——基于贵州、陕西的调研报告 [J]. 财政科学, 2018 (3): 5 – 16.

[37] 刘尚希, 赵福昌, 孙维. 中国财政体制：探索与展望 [J]. 经

济研究，2022，57（7）：12-25.

[38] 刘尚希. 财政部科研所副所长谈分税制改革：须让财力匹配事权 [EB/OL]. http：//politics. people. com. cn/n/2013/1109/c70731-23483890. html，2013-11-09/2013-12-01.

[39] 刘尚希. 财税热点访谈录 [M]. 北京：人民出版社，2016.

[40] 刘小明. 财政转移支付制度研究 [M]. 北京：中国财政经济出版社，2001.

[41] 刘勇政，贾俊雪，丁思莹. 地方财政治理：授人以鱼还是授人以渔——基于省直管县财政体制改革的研究 [J]. 中国社会科学，2019（7）.

[42] 楼继伟. 坚持现代财政制度主线，完善中央地方财政关系 [J]. 财政研究，2020，444（2）：3-8.

[43] 楼继伟. 中国政府间财政关系再思考 [J]. 山西财税，2018（12）：64.

[44] 卢崇煜. 我国政府间转移支付结构优化研究 [D]. 中央财经大学，2020.

[45] 卢洪友，卢盛峰，陈思霞. "中国式财政分权"促进了基本公共服务发展吗？[J]. 财贸研究，2012，23（6）：1-7.

[46] 陆铭，陈钊，杨真真. 平等与增长携手并进——收益递增、策略性行为和分工的效率损失 [J]. 经济学（季刊），2007（2）：443-468.

[47] 吕冰洋，陈怡心. 财政激励制与晋升锦标赛：增长动力的制度之辩 [J]. 财贸经济，2022（6）：25-47.

[48] 吕冰洋，贺颖. 分权、分税与市场分割 [J]. 北京大学学报（哲学社会科学版），2019，56（3）：54-66.

[49] 吕冰洋. "顾炎武方案"与央地关系构建：寓活力于秩序 [J]. 财贸经济，2019，40（10）：25-47.

[50] 吕冰洋. 从分税到分成：分税制的演进与改革 [J]. 中国财政，2014（1）：18-20.

[51] 吕冰洋. 现代政府间财政关系的构建 [J]. 中国人民大学学报，

2014, 28 (5): 11-19.

[52] 吕炜, 赵佳佳. 中国转移支付的粘蝇纸效应与经济绩效 [J]. 财政研究, 2015 (9): 44-52.

[53] 马光荣, 张凯强, 吕冰洋. 分税与地方财政支出结构 [J]. 金融研究, 2019 (8): 20-37.

[54] 马海涛. 财政转移支付制度 [M]. 北京: 中国财政经济出版社, 2004.

[55] 马文涛, 马草原. 政府担保的介入、稳增长的约束与地方政府债务的膨胀陷阱 [J]. 经济研究, 2018, 53 (5): 72-87.

[56] 毛捷, 吕冰洋, 陈佩霞. 分税的事实: 度量中国县级财政分权的数据基础 [J]. 经济学 (季刊), 2018, 17 (2): 499-526.

[57] 毛捷、刘潘、吕冰洋. 地方公共债务增长的制度基础——兼顾财政和金融的视角 [J]. 中国社会科学, 2019, (9): 45-67.

[58] 毛泽东. 论十大关系 [M]. 北京: 人民出版社, 1976.

[59] 梅冬州, 崔小勇, 吴娱. 房价变动、土地财政与中国经济波动 [J]. 经济研究, 2018, 53 (1): 35-49.

[60] 庞伟, 孙玉栋. 地方政府财政支出的结构偏异——基于跨界公共事务的视角 [J]. 经济理论与经济管理, 2022, 42 (6).

[61] 饶晓辉, 刘方. 政府生产性支出与中国的实际经济波动 [J]. 经济研究, 2014, 49 (11): 17-30.

[62] 孙开. 省以下财政体制改革的深化与政策着力点 [J]. 财贸经济, 2011 (9).

[63] 孙克竞, 地方土地财政转型、产业结构优化与土地出让制度变革 [J]. 经济管理, 2014 (2): 10-22.

[64] 孙克竞. 地方政府债务成因的长期动态关系及其疏导——基于省际面板数据的 VAR/VEC 模型分析 [J]. 经济管理, 2015 (5): 1-11.

[65] 王鹏. 财政转移支付制度改革研究 [D]. 吉林大学, 2012.

[66] 王瑞民, 陶然. 中国财政转移支付的均等化效应——基于县级数

据的评估 [J]. 世界经济, 2017, 40 (12): 119-140.

[67] 王文甫, 王召卿, 郭柃沂. 财政分权与经济结构失衡 [J]. 经济研究, 2020, 55 (5): 49-65.

[68] 王雍君. 中国的财政均等化与转移支付体制改革 [J]. 中央财经大学学报, 2006 (9): 1-5.

[69] 王玉明, 刘湘云. 走向省直管县体制: 广东的路径选择 [J]. 南方论刊, 2010 (11).

[70] 魏加宁. 宏观求稳, 微观求活, 改革求进 [J]. 中国金融家, 2014 (12): 78.

[71] 吴化斌, 许志伟, 胡永刚, 等. 消息冲击下的财政政策及其宏观影响 [J]. 管理世界, 2011 (9): 26-39.

[72] 吴金群. 统筹城乡发展中的省管县体制改革 [J]. 经济社会体制比较, 2010 (5).

[73] 谢贞发, 张玮. 中国财政分权与经济增长——一个荟萃回归分析 [J]. 经济学 (季刊), 2015, 14 (2): 435-452.

[74] 杨利敏. 关于联邦制分权结构的比较研究 [J]. 北大法律评论, 2002, 5 (5): 24-68.

[75] 杨雅琴. 我国政府间事权与支出责任划分再思考——基于对加拿大财政联邦主义制度安排的分析 [J]. 地方财政研究, 2015 (5): 34-39.

[76] 杨之刚. 中国分税财政体制: 问题成因和改革建议 [J]. 财贸经济, 2004 (10): 60-65, 97.

[77] 杨志勇. 分税制改革是怎么开始的? [J]. 地方财政研究, 2013 (10): 4-8, 16.

[78] 杨志勇. 中央和地方事权划分思路的转变: 历史与比较的视角 [J]. 财政研究, 2016 (9): 2-10.

[79] 叶杰, 陈新. 解码中国之治: 财政分权改革与县域交通发展 [J]. 中国行政管理, 2021, 429 (3).

[80] 张伟, 郑婕, 黄炎龙. 货币政策的预期冲击与产业经济转型效应

分析——基于跨产业 DSGE 模型的视角[J]. 金融研究, 2014 (6): 33-49.

[81] 赵海利, 陈芳敏, 周晨辉. 省直管县改革对地区义务教育投入差距的影响——基于江西省的经验分析[J]. 经济社会体制比较, 2018 (4).

[82] 郑新业, 王晗, 赵益卓. "省直管县"能促进经济增长吗——双重差分方法[J]. 管理世界, 2011 (8).

[83] 郑新业, 王宇澄, 张力. 政府部门间政策协调的理论和经验证据[J]. 经济研究, 2019, 54 (10): 24-40.

[84] 钟晓敏. 财政地位的衡量: 财政拨款的重要条件[J]. 财经论丛 (浙江财经学院学报), 1997 (5): 21-25.

[85] 周黎安. 中国地方官员的晋升锦标赛模式研究[J]. 经济研究, 2007 (7): 36-50.

[86] 周艳. 分税财政体制下的地方税体系健全探究[J]. 中南林业科技大学学报 (社会科学版), 2013, 7 (4): 58-62.

[87] 朱军, 许志伟. 财政分权、地区间竞争与中国经济波动[J]. 经济研究, 2018, 53 (1): 21-34.

[88] Arends H. The dangers of fiscal decentralization and public service delivery: a review of arguments [J]. Politische Vierteljahresschrift, 2020, 61 (3): 599-622.

[89] Arrow K. Political and economic evaluation of social effects and externalities [M] //The analysis of public output. NBER, 1970: 1-30.

[90] Backus D, Kehoe P J, Kydland F. Dynamics of the Trade Balance and the Terms of Trade: The S-curve [J]. The American Economic Review, 1994, 84 (1): 84-103.

[91] Baxter M, King R G. Fiscal policy in general equilibrium [J]. The American Economic Review, 1993: 315-334.

[92] Besley T, Coate S. Centralized versus decentralized provision of local public goods: a political economy approach [J]. Journal of public economics, 2003, 87 (12): 2611-2637.

[93] Bird R M. Subnational revenues: realities and prospects [C] //Proceedings of Decentralization and Accountability of the Public Sector, Annual World Bank Conference on DEvelopment in Latin AMerica and the Caribbean. Washington, DC World Bank, 2000: 319 – 36.

[94] Bird R M. Subnational taxation in developing countries: a review of the literature [J]. Journal of International Commerce, Economics and Policy, 2011, 2 (1): 139 – 161.

[95] Bouakez H, Rebei N. Why does private consumption rise after a government spending shock? [J]. Canadian Journal of Economics/Revue canadienne d'économique, 2007, 40 (3): 954 – 979.

[96] Brennan G, Buchanan J M. The power to tax: Analytic foundations of a fiscal constitution [M]. Cambridge University Press, 1980.

[97] Cai X, Lu Y, Wu M, et al. Does environmental regulation drive away inbound foreign direct investment? Evidence from a quasi – natural experiment in China [J]. Journal of Development Economics, 2016 (123): 73 – 85.

[98] Chygryn O, Petrushenko Y, Vysochyna A, et al. Assessment of fiscal decentralization influence on social and economic development [J]. Montenegrin Journal of Economics, 2018, 14 (4): 69 – 84.

[99] Crémer J, Estache A, Seabright P. Decentralizing Public Services: what can we learn from the Theory of the Firm? /Décentralisation des services publics: que nous enseigne la théorie de la firme? [J]. Revue d'économie politique, 1996: 37 – 60.

[100] Dahlby B G. The optimal taxation approach to intergovernmental grants [R]. University of Alberta, Department of Economics, 2009.

[101] Davoodi H, Zou H. Fiscal decentralization and economic growth: A cross – country study [J]. Journal of Urban economics, 1998, 43 (2): 244 – 257.

[102] Evers M P. Fiscal federalism and monetary unions: A quantitative

assessment [J]. Journal of International Economics, 2015, 97 (1): 59 – 75.

[103] Faguet J P. Decentralization and popular democracy: Governance from below in Bolivia [M]. University of Michigan Press, 2012.

[104] Fisher R C. State and local public finance [M]. Routledge, 2018.

[105] Gali J, Monacelli T. Monetary policy and exchange rate volatility in a small open economy [J]. The Review of Economic Studies, 2005, 72 (3): 707 – 734.

[106] Gong L, Zou H. Optimal taxation and intergovernmental transfer in a dynamic model with multiple levels of government [J]. Journal of Economic Dynamics and Control, 2002, 26 (12): 1975 – 2003.

[107] Goodspeed T J. Bailouts in a Federation [J]. International tax and public finance, 2002, 9 (4): 409 – 421.

[108] Gordon R H. An optimal taxation approach to fiscal federalism [J]. The Quarterly Journal of Economics, 1983, 98 (4): 567 – 586.

[109] Inman R P, Rubinfeld D L. Designing tax policy in federalist economies: An overview [J]. Journal of Public Economics, 1996, 60 (3): 307 – 334.

[110] Jacobson L S, LaLonde R J, Sullivan D G. Earnings losses of displaced workers [J]. The American economic review, 1993: 685 – 709.

[111] Leonov S V, Vasylieva T A, Tsyganyuk D L. Formalization of functional limitations in functioning of co – investment funds basing on comparative analysis of financial markets within FM CEEC [J]. Actual Problems of Economics, 2012, 134 (8): 75 – 85.

[112] Levaggi R. Decentralized budgeting procedures for public expenditure [J]. Public Finance Review, 2002, 30 (4): 273 – 295.

[113] Li P, Lu Y, Wang J. Does flattening government improve economic performance? Evidence from China [J]. Journal of Development Economics, 2016 (123): 18 – 37.

[114] Ligthart J E, van Oudheusden P. In government we trust: The role

of fiscal decentralization [J]. European Journal of Political Economy, 2015 (37): 116-128.

[115] Lockwood B. Distributive politics and the costs of centralization [J]. The Review of Economic Studies, 2002, 69 (2): 313-337.

[116] Martinez-Vazquez J, McNab R M. Fiscal decentralization, macrostability, and growth [J]. Georgia State University Econ Publications, 2006, 179 (4): 25-49.

[117] Martinez-Vazquez J. The impact of fiscal decentralization: Issues in theory and challenges in practice [M]. Asian Development Bank, 2011.

[118] McKinnon R I. Market-preserving fiscal federalism in the American monetary union [J]. Macroeconomic dimensions of public finance: Essays in honour of Vito Tanzi, 1997 (5): 73.

[119] McLure C, Martinez-Vazquez J. The assignment of revenues and expenditures in intergovernmental fiscal relations [J]. Core course on Intergovernmental Relations and Local Financial Management, World Bank Institute, Washington, DC: World Bank, 2000.

[120] Musgrave, R. A. The Theory of Public Finance [M]. New York: McGraw-Hill, 1959.

[121] Neyapti B. Revenue decentralization and income distribution [J]. Economics letters, 2006, 92 (3): 409-416.

[122] Niskanen W A. Bureaucrats and politicians [J]. The journal of law and Economics, 1975, 18 (3): 617-643.

[123] Oates W E. Taxation in a federal system: the tax-assignment problem [M]. University of Maryland, Department of Economics, 1996.

[124] Oates W E. Toward a second-generation theory of fiscal federalism [J]. International tax and public finance, 2005, 12 (4): 349-373.

[125] Prince T E. Behavioral finance and the business cycle [J]. Business Ethics and Leadership, 2017, 1 (4): 28-48.

[126] Rodden J, Wibbels E. Beyond the fiction of federalism: Macroeconomic management in multitiered systems [J]. World Politics, 2002, 54 (4): 494 – 531.

[127] Rodden J. Reviving Leviathan: fiscal federalism and the growth of government [J]. International Organization, 2003, 57 (4): 695 – 729.

[128] Samuelson P A. Diagrammatic exposition of a theory of public expenditure [J]. The review of economics and statistics, 1955: 350 – 356.

[129] Samuelson P A. The pure theory of public expenditure [J]. The review of economics and statistics, 1954: 387 – 389.

[130] Seabright P. Accountability and decentralisation in government: An incomplete contracts model [J]. European economic review, 1996, 40 (1): 61 – 89.

[131] Shah A. The reform of intergovernmental fiscal relations in developing and emerging market economies [M]. The World Bank, 1994.

[132] Smart M. Taxation and deadweight loss in a system of intergovernmental transfers [J]. Canadian Journal of Economics, 1998: 189 – 206.

[133] Szarowská I. Fiscal decentralisation and economic development in selected unitary European countries [J]. European Financial and Accounting Journal, 2014, 9 (1): 22 – 40.

[134] Tamegawa K. Two – Region DSGE Analysis of Regionally Targeted Fiscal Policy [J]. Review of Regional Studies, 2012, 42 (3): 249 – 263.

[135] Tommasi M, Weinschelbaum F. Centralization vs. decentralization: A principal – agent analysis [J]. Journal of public economic theory, 2007, 9 (2): 369 – 389.

[136] Vasilyeva T, Lyeonov S, Adamičková I, et al. Institutional quality of social sector: The essence and measurements [J]. Economics & Sociology, 2018, 11 (2): 248 – 262.

[137] Weingast B R. The economic role of political institutions: Market –

preserving federalism and economic development [J]. JL Econ. & Org., 1995 (11): 1.

[138] Wildasin D E. The institutions of federalism: Toward an analytical framework [J]. National Tax Journal, 2004, 57 (2): 247-272.

[139] Zizlavsky O. The Use of Financial and Nonfinancial Measures within Innovation Management Control: Experience and Research [J]. Economics and Sociology, 2016, 9 (4): 41-65.